Das verleugnete Kreuz

W0071951

UWE WOLFF

Das verleugnete Kreuz

Anstöße für
eine überfällige
Debatte

 claudius

„Here is your cross,
Your nails and your hill;
And here is your love,
that lists where it will."

Leonard Cohen. Here it is

In Erinnerung
an meinen Freund und Lehrer
Hans Blumenberg,
Autor der *Matthäuspassion*

INHALT

Vorwort: Kreuz, Klima, Katastrophen

„Was sollen wir denn tun?"
Lukas 3.10

„I don't want you to be hopeful. I want you to
panic. I want you to feel the fear I feel every day.
I want you to act. I want you to act as you would
in a crisis. I want you to act as if the house is on
fire, because it is."
Greta Thunberg in Davos

Kloster Mariaberg ist ein beliebtes Ausflugsziel. Hier gibt es
eine Schenke, in der ein echter Mönch das Bier zapft. Das
Wirtshaus ist immer rappelvoll. Die Kirche dagegen leer. Doch
auf dem Glockenturm tut sich etwas.

Kirchtürme gelten als ideale Standorte für die neuen
5G-Mobilfunkanlagen. Deshalb läuft unter dem Kreuz ein
Testverfahren – zum Ärger von Pater Guardian. Das Kloster
brauche Geld zur Renovierung des Kirchendaches, meint der
Bruder am Zapfhahn. Das Bier strömt auch an diesem Freitag. Früher war der Freitag ein Fastentag. Am Karfreitag durfte
nicht getanzt werden. Denn an einem Freitag starb Jesus am
Kreuz.

In Frankfurt haben Schüler an diesem Freitag eine Demons-
tration gegen die drohende Klimakatastrophe angekündigt.
Schon am Vormittag ist es schwül. Pater Guardian führt mich
durch die angenehm kühle Kirche und lädt mich ein, in einer Zelle des Klosters zu übernachten. Das finde ich spannend
und nehme die Gastfreundschaft gerne an.

Seit vielen Wochen herrscht in Deutschland ein Klima
wie in Andalusien und Nordafrika. Die Blumen und Bäume

in meinem Garten habe ich lange mit Regenwasser versorgen können. Nun ist die Zisterne leer.

In der Nacht zieht ein gewaltiges Gewitter auf. Endlich Regen! Ich genieße das Spektakel der Entladungen. Plötzlich schlägt der Blitz irgendwo im Kloster ein. Vielleicht in die neuen Antennen neben dem Kreuz. Ich sehe es an den Funken, die aus dem Heizkörper springen. Eigentlich kann das nicht sein, denke ich. Jäh kippt meine Stimmung um. Mir wird mulmig. Ich blicke auf das Kreuz an der Wand mit dem Leib des Gemarterten. Warum kann ich den Anblick nicht ertragen? Ich schaue weg. Draußen zucken die Blitze. Ich drehe mich um. Die Nachttischlampe funktioniert nicht mehr. Ich bekomme es mit der Angst zu tun. Zugleich sind mir meine Gefühle peinlich. Kreuze schützen vor Unheil, denke ich. Der Böse weicht dem Kreuz. Was kann mir denn passieren? Ich komme nicht zur Ruhe. Mir wird das Kreuz unheimlich. Ich nehme das Kreuz von der Wand und lege es auf den Kleiderschrank.

Eine merkwürdige Geschichte. Ich gebe es zu. Vielleicht hätte ich diese Anstöße zu einer Debatte über das Kreuz mit Statistiken über die Zahl der Kirchenaustritte und ihre möglichen Gründe eröffnen sollen. Ich hätte von der Universität Wien erzählen können, wo die Kreuze aus den Hörsälen entfernt worden sind. Vielleicht hätte ich von dem Kreuz schreiben sollen, das die Kirche mit der AfD hat. Gewiss hätte ich von den Missbrauchsopfern unter dem Symbol des Kreuzes berichten können.

Aber ich will nicht wiederholen, was alle wissen. Ich will auch nicht wissen, wo der Hausmeister die von den Wänden entfernten Kreuze „entsorgt" hat. Viele Debatten werden noch immer geführt, als hätte es Friedrich Nietzsches (1844–1900) Aufschrei nie gegeben: „Was sind denn diese Kirchen noch, wenn sie nicht die Grüfte und Grabmäler Gottes sind?"

Ich will mit diesen Meditationen in den Kern der Dinge vorstoßen. Wir brauchen keine Debatten von Besserwissern und jenen, die um den heißen Brei herumreden.

Das Wesen des Kreuzes ist seine Widerständigkeit. Es passt einfach nicht zu der Wunschvorstellung von einem Leben ohne Leid und Schmerz mit bedingungslosem Grundeinkommen ohne die Mühen eigener Anstrengung.

Das Kreuz erregt Anstoß. Dazu braucht es nicht ein Sommergewitter und überspannte Nerven. Auf dem Flughafen von Genf sehe ich eine Nonne. Sie trägt gut sichtbar ein Kreuz über ihrem Gewand und auf dem Kopf einen Schleier. Eine Muslima kommt vorbei, deutet mit dem Finger auf das Kreuz, schüttelt das Haupt und zeigt der Ordensschwester einen Vogel: Das Kreuz ist für sie ein Irrsinn, ja Gotteslästerung! Der Islam ehrt den Propheten Jesus. Den sterbenden Sohn Gottes verachtet er zutiefst. Gott kann nicht leiden, sagt der Islam. Gott kennt nicht den Schmerz. Gott litt am Kreuz, weiß das Christentum. Das Wesen des Christentums ist das Kreuz. Ein Kreuz, das nicht mehr anstößig ist, gleicht schal gewordenem Salz.

Auf den Spuren muslimischer Heiliger bereise ich den Norden Pakistans. Ich werde in den Kreis der Sufis am Schrein von Rahman Baba eingeladen. Der Sonntag kommt. Ein normaler Arbeitstag in diesem Land. Mit einem Freund besuchte ich eine Kirche in Peshawar. Weder Kreuz noch Glockenläuten machen auf diesen Ort des Gebets aufmerksam. Wer hier überleben will, muss ein Leben im Verborgenen führen. Im Herbst des Jahres 2013 sprengen sich zwei Attentäter vor dieser Kirche in die Luft. Sie reißen über 70 Menschen mit sich in den Tod.

Ich kann verstehen, dass Menschen das Kreuz abhängen wollen: in Schulen und anderen öffentlichen Gebäuden. Sie spüren die Ungeheuerlichkeit dieses Symbols und fühlen sich bedrängt, bevormundet oder vereinnahmt. Doch darf die Rücksichtnahme auf Menschen mit anderen Empfindungen, Werten und einem anderen Glauben oder Unglauben so weit gehen, dass das Eigene keinen Ort mehr in der Öffentlichkeit hat? Eine falsch verstandene Toleranz hat zur Selbstaufgabe und zu einer an Erstickung grenzenden Spracharmut geführt. Damit ist niemandem gedient.

Würden sämtliche Kruzifixe aus der Öffentlichkeit entfernt, so wäre das Kreuz dennoch überall sichtbar. Wie kein anderes Symbol ist es dem Menschen auf den Leib geschrieben. Wenn wir beide Arme ausbreiten, so wird das Kreuz sichtbar. Das Kreuz ist das Symbol des Menschen. Das Kreuz ist sperrig und widersprüchlich wie das Leben.

Zum Kreuz gehören Grenzerfahrungen wie Schuld und Sühne. Niemand kann ihnen entfliehen. Sie holen uns ein wie die Folgen der Umweltsünden. Wir Menschen des 21. Jahrhunderts fühlen uns schuldig, vielleicht schuldiger als jede Generation vor uns. Haben wir doch die Folgen unseres Tuns unmittelbar vor Augen. Deshalb zahlen wir gerne eine Buße zur Kompensation unseres CO_2-Fußabdrucks und haben bis zur nächsten Flugreise wieder ein gutes Gewissen. Doch diese Ausgleichszahlungen für Aufforstungsprogramme und effiziente Kocher in Entwicklungsländern bleiben ein moderner Ablasshandel.

Es herrscht Endzeitstimmung in allen Lagern. Zwischen denen, die den Klimawandel als einen vom Menschen gemachten Prozess sehen, und jenen, die hier vom Menschen nicht beeinflussbare Veränderungen behaupten, klafft ein tiefer Graben. Was vom Menschen verursacht ist, kann durch Menschen wieder bis zum Ziel der Klimaneutralität zurückgenommen werten, wissen die einen. Andere verweisen auf die Geschichte der Erde. Sie sei voller Beispiele für extreme nicht vom Menschen gemachte Klimaveränderungen mit dramatischen Folgen für das Leben.

In diesen Kontroversen bildet sich das *Kreuz der Meinungen*. Das Kreuz hat eine horizontale und zugleich vertikale Ausrichtung. Der Horizont steht für den Menschen und seine Verantwortung für die Erde. Über diesem Horizont strebt die Vertikale in eine andere Dimension. Sie ist unendlich viel größer als alle Macht und aller guter Wille. Im Spannungsfeld dieser Möglichkeiten und Begrenzungen bewegen sich alle Fragen der Ökologie.

Umwelt und Ernährung haben im 21. Jahrhundert eine geradezu religiöse Dimension gewonnen. Zu Recht. Denn in ihnen lebt das Bewusstsein für das Ganze, in das wir eingebunden sind. Das Ganze wird auch „Ökumene" genannt. Der Mensch ist verantwortlich für die Erde. Zugleich macht er immer wieder die Erfahrung, dass das Ganze zu groß ist, um bewältigt zu werden. Handeln zu müssen und nicht handeln zu können – aus diesem Zwiespalt von Macht und Ohnmacht besteht das Leben. Die Betrachtung des Kreuzes führt hinein in dieses Geheimnis. Schnelle Ergebnisse und praktische Anwendungen sind hier nicht zu erwarten. Das *Kreuz des Lebens* will ausgehalten sein. Dann öffnen sich neue Horizonte.

Das Kreuz ist ein Geheimnis. Geheimnisse kann man nicht rasch und nebenbei erklären. Man muss sich auf sie einlassen, sie bedenken, betrachten, meditieren. Zu einer ruhigen Betrachtung will dieses Buch neun Anstöße geben. Sie führen schrittweise in das Geheimnis des Kreuzes. Im letzten Kapitel richte ich den Blick auf die Apokalypse. Ihr Motto erklang in Davos, als Greta Thunberg sagte: „I want you to panic!"

Der Freitag ist der Tag ihres Protestes gegen die drohende Katastrophe. Dass diese jungen Menschen am Tag der Kreuzigung Jesu demonstrieren, wissen sie nicht, und es muss sie auch kein Besserwisser darüber belehren. Sie werden kein Buch über das Symbol des Kreuzes lesen, um die Erfahrung zu teilen: Das Kreuz ist da. Die junge Generation spürt auf ihre Weise ein tiefes Eintauchen in die Passion. Sie sehen die Nägel und die Dornenkrone und ahnen, dass der bittere Kelch an ihnen nicht vorübergehen wird. Die Stunde ihrer Bewährung hat begonnen. Seien wir also zuversichtlich!

Haus Sonnenschein
Bad Salzdetfurth im Oktober 2019

Uwe Wolff

1. Anstoß: Der Mensch

„Dies ist ein großer Augenblick in der Geschichte
des Menschen, wo zum ersten Mal der Mensch
seine Arme betend zum eigenen Schicksal erhebt."
Franz Rosenzweig. Der Stern der Erlösung

Lebenslinien

Jeder Mensch trägt das Kreuz des Lebens auf seine Weise: Geheimnisvolle Wege und Straßen durchziehen die Landschaften der Erde wie Adern unseren Körper. Blutbahnen, Verkehrsadern – manchmal laufen sie parallel, dann verzweigen sie sich wie Äste an einem Baum. Zuweilen berühren sie sich. Manchmal kreuzen sich Wege wie Linien auf der Innenfläche der Hand.

Ob wir einen Straßenatlas aufschlagen oder eine beliebige Verkehrsverbindung im Internet aufrufen, ob wir eine Radkarte oder einen Wanderführer studieren – überall leuchtet das Bild des Kreuzes hervor. Selbst die vom Menschen unberührte Natur in den großen Wäldern dieses Planeten zeigt das Bild des Kreuzes: Elch und Reh suchen sich auf festen Pfaden den Weg durch das Dickicht. Ein Netz von Wegen und Wegkreuzungen durchzieht Birkenwälder und die mit Flechten und Moosen bewachsenen Hochebenen der hohen Breitengrade.

Der Weg ist eines der großen Symbole für den Lebenslauf. Jeder Mensch geht seinen Weg. Jeder hat seinen eigenen Auftrag, seine eigene Berufung, sein eigenes Ziel. Doch niemand geht allein. Noch auf den einsamen Pfaden und Pilgerwegen des Herzens finden Begegnungen statt. Wo sich zwei Wege berühren, da entsteht das Bild des Kreuzes. Das Kreuz markiert den Ort einer Begegnung. Sie wird nicht ohne Folgen bleiben.

Das Kreuz markiert eine Unterbrechung des Alltages. Wir machen Pläne. Wir haben ein Ziel vor Augen. Wir wollen etwas erreichen. Doch jederzeit kann das Unerwartete eintreten. Unser Lebensweg wird durchkreuzt. Jemand macht uns einen Strich durch die Rechnung. Wir werden zum Innehalten gezwungen. Jetzt öffnet sich der Raum. Die Mitte leuchtet auf. Eine Chance bietet sich. Etwas Neues kann sich ereignen. Doch vielleicht müssen wir auch das Alte loslassen. Etwas stirbt in uns, damit wir neu geboren werden können. Das Kreuz kennzeichnet die Mitte. Die Begegnung mit ihr ist immer ein Wagnis.

Ein Hase kreuzt Alexander Puschkins Weg

Das Bild der belebten Straßenkreuzung gehört zu unserem Alltag. In den Großstädten brandet der Verkehr mehrspurig auf die Kreuzung zu. Straßenschilder und Ampeln regeln den Verkehr. Sie steuern den raschen Verkehrsfluss, der selbst nach Mitternacht nicht erliegt. Nirgendwo treffen so viele Menschen aufeinander wie an einer Straßenkreuzung oder einem Autobahnkreuz. Zugleich findet nirgendwo so wenig Begegnung statt. Die Kreuzung ist ein Ort, der zügig durchfahren werden muss. Wer zögert oder gar verweilt, der behindert den Verkehr und gefährdet Leben. Straßenkreuzungen sind keine spirituellen Orte.

In den Märchen und Mythen gelten Kreuzweg und Weggabelung als magische Orte der Begegnung. Hier treffen Reisende aufeinander, verweilen, tauschen Informationen und Waren aus. Doch auch die Geisterwelt liebt diese entlegenen

Stätten weit draußen auf den Feldern oder in den Wäldern. Hier blühen die bunten Blumen des Volksglaubens.

Den Weg, den eine schwarze Katze gekreuzt hat, soll man meiden. Das gilt auch für die Begegnung mit dunklen Gestalten auf den nächtlichen Straßen. In seinem humorvollen Versroman „Eugen Onegin" (1833) lästert Alexander Puschkin über den Aberglauben der schönen Tatjana:

„Sprang unvermutet aus der Saat
Ein Häschen über ihren Pfad,
Dann schlug ihr Herz mit stärkren Schlägen,
Und sorgend eilte sie zurück:
Ihr ahnte künft'ges Missgeschick."

Was der russische Nationaldichter an dieser Stelle verschweigt, ist der sehr persönliche Hintergrund der Hasengeschichte. Als man Alexander Puschkin zur Zeit des Dekabristenaufstandes nach Moskau rief, kehrte er sofort um, nachdem ein Hase seinen Weg gekreuzt hatte. So entging er der Hinrichtung, nicht aber der tödlichen Kugel bei einem Duell. Er hatte seinen Schwager herausgefordert, weil dieser Puschkins Frau öffentlich Komplimente machte. Ein Bauchschuss durchkreuzte alle weiteren Pläne.

Kreuzwege sind Orte der weißen und schwarzen Magie. Die sichtbare und die unsichtbare Welt geben sich am Kreuzweg ihr Stelldichein. Wo viele Menschen und Geister vorbeigehen, da kann man leicht etwas loswerden. Wer die rechte Zauberformel kennt, weiß der Volksglaube, befreit sich von einem Gebrechen und hext es einem Fremden an. Auch springt ein Fluch an dieser Stätte rasch auf einen Reisenden über und verschwindet in den fernen Weiten des Landes. So ist der Kreuzweg ein Ort der Beschwörung. Nirgendwo lässt sich unkomplizierter ein Bund mit dem Teufel schließen. Hier werden auch die Geister der Toten gerufen. Sie müssen Auskunft geben über Verborgenes und einen Blick in die Zukunft gewähren.

Die Wahl des Herakles

In den Schlüsselsituationen des Lebens erscheint das Bild des Scheideweges. Herakles am Scheideweg – das ist nicht nur eine Geschichte aus griechischer Vorzeit, wie sie der Philosoph Prodikos von Keos berichtet.

Was Herakles einst erlebte, wiederholt sich in jedem jungen Menschen, der vor dem Tor des Lebens steht. Als sich Herakles darüber Gedanken macht, welchen Lebensweg er wählen soll, tauchen plötzlich zwei Frauen auf. Die eine bietet ihm lockere Versprechungen eines glückseligen Lebens:

„Herakles, ich sehe, dass du unschlüssig bist, welchen Weg durch das Leben du wählen sollst. Willst du nun mich zur Freundin wählen, so werde ich dich die angenehmste und bequemste Straße führen. Keine Lust soll dir versagt bleiben, jede Unannehmlichkeit bleibt dir erspart. Um Kriege und Geschäfte brauchst du dich nicht zu bekümmern. Du wirst dich mit den köstlichsten Speisen und Getränken laben, deine Sinne durch die angenehmsten Empfindungen ergötzen, auf einem weichen Lager schlafen und den Genuss aller dieser Dinge dir ohne Mühe und Arbeit verschaffen. Fürchte keine körperlichen oder geistigen Anstrengungen."

Dann spricht die zweite Frau vom Pfad der Tugend:

„Auch ich komme zu dir, lieber Herakles, denn ich kenne deine Eltern, deine Anlagen und deine Erziehung. Dies alles gibt mir die Hoffnung, dass du, wenn du mir folgst, ein Meister in allem Guten und Großen wirst. Doch will ich dir keine Genüsse vorspiegeln, will dir die Sache darstellen, wie die Götter sie gewollt haben. Von allem, was gut und wünschenswert ist, gewähren sie den Menschen nichts ohne Arbeit und Mühe. Wünschest du, dass die Götter dir gnädig seien, so musst du die Götter verehren. Willst du, dass deine Freunde dich lieben, so musst du deinen Freunden nützlich werden. Soll der Staat dich ehren, so musst du ihm Dienste leisten. Willst du ernten, so musst du auch säen. Willst du deinen Körper in der Gewalt haben, so musst du ihn durch Arbeit und Schweiß abhärten. Zu solchem Leben, Herakles, entschließe dich, und vor dir liegt das seligste Los."

Kreuz und Körper

Das Kreuz ist in unsere Hände geschrieben. Es leuchtet aus den Falten im Gesicht der lächelnden Greisin. Die zarte Haut des Neugeborenen schenkt Durchblicke in das blau leuchtende Gewirr der Adern. Das Kreuzbein („Os sacrum") bildet die hintere Wand des Beckens. Dieser Knochen entstand durch die Verschmelzung von fünf Wirbeln. Mit der Kreuzgegend („Regio sacralis") wird die Rückenfläche bezeichnet. Die dumpfen, drückenden oder ziehenden Kreuzschmerzen treten in der Gegend der Lendenwirbelsäule oder des Kreuzbeines auf. Sie können durch Witterung, Ermüdung oder eine Fehlhaltung bedingt sein. Kreuzschmerzen bei Frauen beruhen oft auf krankhaften Vorgängen in den inneren weiblichen Geschlechtsorganen oder sind Begleitumstände der Menstruation. Akute Kreuzschmerzen treten auch bei Ischias und Bandscheibenschäden auf. Im Volksmund werden sie Hexenschuss genannt.

Wie in der Baukunst und im Handwerk, so verleiht das Kreuz auch in der Anatomie vor allen Dingen Stabilität an den Gelenkstellen des Körpers. Hier sind wir einer erhöhten Belastung ausgesetzt. So sichern die Kreuzbänder jede Bewegung des Knies ab.

Wenn Unterkiefer und vorderer Teil des Oberkiefers sich kreuzen, sodass sich die Schneidezähne nur noch unvollständig oder gar nicht mehr decken, wird von einem Kreuzbiss gesprochen. Ob sich Spender- und Empfängerblut bei einer Bluttransfusion vertragen, wird durch die Kreuzprobe ermittelt. Durch sie werden Fehler in der Bestimmung der Blutgruppen und des Rhesusfaktors ausgeschlossen. Verwundungen des Leibes werden mit einem kreuzförmig gewickelten Verband versorgt. Die Kreuzbinde ist eine Verbandtechnik. Sie wird auch Achtergang genannt. Verbände dienen dem Schutz von Wunden oder Hauterkrankungen und der Ruhigstellung verletzter Gliedmaßen. Das Anlegen von Verbänden ist eine besondere Kunst. Beim Verbinden von Gelenken wird der Achtergang verwendet. Die Bindengänge kreuzen sich dabei über dem Gelenk. Wenn die Kreuzungsstelle in die Länge gezogen wird und sich die Bindengänge im Spiralgang teilweise decken, spricht man von einem Kornährenverband. Brust und Rücken werden mit der Kreuzbinde verbunden. Auch hier werden Kreuzgänge gelegt.

Thomas von Kempen

Begegnungen bereichern das Leben. Begegnungen können aber auch gefährlich werden. Kleine Holzkreuze an den Straßenrändern kennzeichnen den Ort einer tödlichen Begegnung.

Wer unterwegs ist, der setzt sich Gefahren aus. Das gilt schon für den ersten Weg des Kindes vom Elternhaus zum Kindergarten. Wenn es die Straße überquert, so entsteht das Bild des Kreuzes. Wer über die Straße geht, so lernt das Kind in der Verkehrserziehung, soll zuerst nach links, dann nach rechts schauen. Doch wie kann es sich schützen vor den gefährlichen Begegnungen auf den Pfaden der inneren Welt?

Thomas von Kempen war ein Mystiker. Sein Buch über die „Nachfolge Christi" spricht von den Kreuzwegen des Herzens. Es gehört zu den ewigen Bestsellern spiritueller Literatur. Hier schreibt der Mönch:

„Solange wir in dieser Welt leben, können wir nicht ohne Anfechtung und Versuchung sein. Viele suchen den Versuchungen aus dem Wege zu gehen und laufen nur noch gefährlicher hinein. Der Anfang aller bösen Versuchungen ist die Unbeständigkeit des Herzens und der Mangel an Gottvertrauen. Denn wie ein Schiff ohne Steuerruder von den Wellen hin und her getrieben wird, so wird ein Mensch, der seinen Vorsätzen untreu wird und sein Ziel aus dem Auge verloren hat, auf alle mögliche Art und Weise versucht. Oft wissen wir gar nicht, was wir vermögen. Aber die Versuchung macht es uns offenbar, was wir sind."

Carpe diem

Alles Lebendige lebt aus Momenten der Begegnung. Doch wie selten finden sie statt! Wir treffen eine Verabredung, wir begegnen Menschen und führen Gespräche, wir gehen ins Theater oder ins Kino, wir besuchen eine Ausstellung – doch was bleibt? Welches Bild nehmen wir mit? Welches Wort hallt in uns nach? Welche Berührung wärmt noch im Nachklang unser Gemüt?

Wir leben in einer vernetzten Welt: Die Satellitenschüssel auf dem Dach und das Laserkabel der Telekom versorgen den Haushalt mit Programmen; Mailbox, Anrufbeantworter und Handy sind auf Empfang geschaltet und warten auf Mitteilungen, im Auto läuft das Radio – doch wie selten werden wir erreicht!

Der russische Filmemacher Andrej Tarkowskij schreibt an einem Wendepunkt seines Lebens:

„Ich weiß, dass ich sehr weit von der Vollkommenheit entfernt bin, dass ich mich mit Sünden und Unvollkommenheiten beschmutzt habe. Ich weiß auch nicht, wie ich gegen meine Armseligkeit ankämpfen soll, bemühe mich nur verzweifelt, meinem weiteren Leben Richtung zu geben. Allzu sehr habe ich mich in meinem heutigen Leben verirrt. Ich weiß nur eines: So zu leben, wie ich es bis jetzt getan habe, lächerlich wenig zu arbeiten, ständig negative Emotionen empfindend, die einem nicht helfen, sondern im Gegenteil das Gefühl der Ganzheitlichkeit zerstören, das zumindest zeitweise für die Arbeit wichtig ist – so will ich auf keinen Fall weitermachen. Ich habe Angst davor, mir ist nicht so viel Zeit vergönnt, um sie auf diese Weise zu vergeuden."

X-Chromosom

Wenn zwei Wege sich kreuzen, dann findet eine Begegnung statt. Etwas Unerwartetes ist geschehen. Jemand fand den Schlüssel und öffnete die Tür unseres Herzens. Freundschaft wird geschenkt. Liebe vielleicht.

Das Kreuz liegt dem Bauplan des Lebens zugrunde. Das genetische Material besteht aus X- und Y-Chromosomen. Aus Kreuzungen entstehen neue Pflanzenarten. „Die Beine kreuzen" ist eine uralte Umschreibung für den Liebesakt.

Wir sind so sehr gefangen in uns selbst. In unseren Zeitplänen, unseren Terminen. In unserem Willen. Wir wollen unser Leben im Griff haben. Wir lassen keine Ablenkung zu. Und doch ist in uns die tiefe Sehnsucht nach dem ganz Anderen.

Die Sehnsucht nach Begegnung. Die Sehnsucht nach tiefer innerer Berührung. Die Sehnsucht nach Erneuerung. Die Sehnsucht, dass einer alle unsere Pläne durchkreuzt. Dass wir durch diese Berührung eine Mitte bekommen.

Wir sind voller Sehnsucht nach echter Begegnung, nach einem Gespräch, nach Freundschaft. Wir sehnen uns nach den Momenten der Wandlung und Verwandlung, der Verzauberung und des Durchblicks, nach einem Moment, der uns befruchtet.

Himmel und Erde

Im Kreuz vereinigen sich zwei Bewegungsrichtungen – die Horizontale und die Vertikale. Die eine beschreibt das Irdische, die andere weist auf den Himmel. Die Horizontale, das ist der Weg. Die Vertikale, das sind die Schlüsselerlebnisse auf dem Lebensweg. Momente der angehaltenen Zeit. In ihnen verdichtet sich das Leben, gewinnt an Tiefe und weist über sich hinaus. Die Horizontale ist die materielle Welt, die Vertikale die spirituelle Welt. Die Erdgebundenheit und der Himmelsblick. Das Fallen und das Aufstehen. Der Tod und die Auferstehung.

Im Wodu-Kult auf der Insel Haiti steht die Horizontale für den Weg der Götter, die Vertikale für den Weg der Menschen. Wenn sich ihre Wege kreuzen, dann entsteht eine heilige Mitte. Ihr Hüter ist Legba oder Papa Legba. Er gilt als Mittler zwischen Himmel und Erde, Gott und Mensch. Nach ihm wird das Kreuz der Begegnung auch Legba-Kreuz genannt.

Wir sind Kinder der Erde. Aus dem Lehm der Mutter Erde wurde die Gestalt des Menschen geformt, so erzählt es der alte Mythos. Aber er weiß auch: Wir sind nicht nur von dieser Welt. In uns lebt und webt der göttliche Atem. Jeder Atemzug erinnert uns an seine Gegenwart.

Wenn wir die Arme ausbreiten und aufrecht stehen, wenn wir dann tief einatmen und den Atem wieder verströmen, dann betet er in uns und wir spüren seine Gegenwart. Dann wird in unserer Leibgestalt das Kreuz sichtbar. Wir sind zwischen Himmel und Erde ausgespannt. Wir sind Kinder der Erde und des Himmels. Himmel und Erde kreuzen sich in uns.

2. Anstoß: Die Erde

> „Aller Welt Enden sehen das Heil Gottes."
> *Jesaja 52,10*

Aus der Schule

Der Schriftsteller Ernst Jünger wurde während des Ersten Weltkrieges achtzehn Mal verwundet. Für seine Tapferkeit erhielt er die höchste Auszeichnung, einen Orden in Form eines blauen Kreuzes. Ich lernte Ernst Jünger im hohen Alter kennen. Der rüstige Greis hatte noch immer Albträume. Kein Wunder, dachte ich, bei diesen Traumatisierungen! Doch die Schrecken der Nacht führten den Mann nicht zurück in den Weltkrieg, sondern in die Schulzeit. Acht Mal hatte er die Schule wechseln müssen. Heute sind es die Lehrer, die ihr Kreuz zu tragen haben. Einst von Bundeskanzler Schröder als „faule Säcke" beschimpft, werden sie jetzt als Märtyrer verfehlter Erziehung bewundert oder bemitleidet.

Auch meine Schulzeit war ein Kreuzweg. Das erste Kreuz, an das ich mich erinnere, stand in meinem Rechenheft. Es waren jene kleinen Zeichen, die wir in der ersten Klasse benutzten, wenn wir Zahlen zusammenzählten. Sie waren gleichmäßig und schön anzusehen. Ganz anders dagegen ein Holzkreuz, das neben der Tafel hing. Seine beiden Achsen waren von unterschiedlicher Länge, so wie bei den Schwertern, die wir uns zum Spielen aus alten Latten bastelten. An dem Kreuz neben der Tafel hing Jesus. Er trug auf dem Haupt einen Dornenkranz und senkte den Blick. Er schien durch das Fensterkreuz nach draußen auf den Schulhof zu blicken. Wir liebten diesen

23

Schulhof, denn er war mit alten Kiefern bestanden. Das Kruzifix aber mochte ich nicht. Denn sein Anblick war schrecklich.

Das Rechnen mit dem kleinen Kreuz lernte ich schnell und mit Vergnügen. Der Zehnerübergang und der Hunderterübergang bereiteten keine Schwierigkeiten. Zuweilen geriet ich über dem Plus-Zeichen ins Träumen. Vielleicht zeigte sich in diesen Spekulationen und Gedankenspielen eine frühe Begabung für Spökenkiekerei. Vielleicht eine Unart und ein Sinn für das Absonderliche. Wege und Abwege liegen gelegentlich sehr nahe beieinander. Mancher glaubt, das zweite Gesicht zu haben, und hört doch nur die Flöhe husten.

Meine Gedanken gingen so: Vier plus acht ergeben Zwölf. Zwölf und 13 ergeben die Zahl 25. Das scheint einfach und zugleich logisch. Doch wenn ich über das kleine Kreuz nachdenke, dann wird plötzlich alles ganz geheimnisvoll. Wenn ich zwei Zahlen zusammenzähle, ergibt sich eine neue Zahl. Doch wo sind die alten Zahlen geblieben?

Die Vier und die Acht waren in der Zwölf aufgegangen. Sie hatten sich aufgelöst. Es gab sie nicht mehr. Etwas Neues war entstanden. Die Zwölf ist ja zugleich die Summe aus vielen anderen Zahlen: der Drei und der Neun, der Fünf und der Sieben, der Zehn und der Zwei – wieso ist das so? Und was hat es zu bedeuten? Ich glaubte, ein Mysterium entdeckt zu haben.

Doch Fräulein Zellmann zeigte sich nur genervt, als ich ihr meine Gedanken mitteilte. Ich solle mich auf die Zahlen konzentrieren, sagte sie, und am Abend früh ins Bett gehen und mich gründlich ausschlafen.

Die Rechenart, die wir in der ersten Klasse lernten, wird Addition genannt. Sie ist vielleicht so alt wie die Menschheit. Das kleine Kreuz als Pluszeichen (+) aber hat seine Geschichte.

Die Kunst des Zählens wurde vor allen Dingen von Kaufleuten beherrscht. Wer Handel treiben wollte, musste nicht nur Zwei und Zwei zusammenzählen können. Mit dem kleinen Kreuz wurden ursprünglich die Fässer und Kisten gekennzeichnet, die mit Waren gefüllt waren. Das Kreuzzeichen war ein Zeichen der Fülle. Als mathematisches Zeichen für Addition erscheint es zum ersten Mal um 1361 in einer mittelalterlichen Handschrift des Nikolaus von Oresme. Das erste gedruckte Pluszeichen findet sich in dem Buch „Mercantile Arithmetic oder Behende und hüpsche Rechenung auff allen Kauffmanschafft". Es wurde 1489 in Leipzig gedruckt und ist ein Werk des Mathematikers Johannes Widmann für Kaufleute. Kaufleute sind keine Zahlenmystiker.

Konfluenzpunkte der Erde und der Seele

Die Abkürzung GPS steht für Global Positioning System oder Globales Positionsbestimmungssystem. Mit Hilfe eines satellitengestützten Navigationsgerätes (GPS-Gerät) lässt sich jeder Punkt auf dieser Erde orten, gleichgültig ob sich der Wanderer in den Hochebenen Tibets, den Eiswüsten der Polarregionen oder den Wäldern des Amazonas bewegt. Geocaching oder GPS-Schnitzeljagd heißt ein Spiel, das sich sehr großer Beliebtheit erfreut.

Die Ermittlung eines Standortes geschieht durch die Bestimmung von Längen- und Breitengrad. Wo sich Längengrad und Breitengrad berühren, entsteht ein Kreuz. Diese Schnittstellen werden Konfluenzpunkte genannt – „Confluere" bedeutet „zusammenfließen". In einem Konfluenzpunkt verschmelzen die Gegensätze.

Von ihnen gibt es 64442. Sie umspannen die Erde wie ein Netz. Die meisten von ihnen befinden sich auf hoher See oder im ewigen Eis. Doch 16164 Schnittstellen sind leicht zugänglich. Seit Februar 1996 werden sie mit dem „Degree Confluence Project" (http://www.confluence.org) durch Fotos dokumentiert. Im August 2018 waren etwa 40 Prozent erfasst. In Deutschland gibt es 48 Konfluenzpunkte. Vier liegen in der Nord- oder Ostsee, zwei auf bebautem Gebiet und 48 auf dem freien Land.

Gewiss denkt niemand von denen, die sich mit einem GPS-Gerät und einer Digitalkamera auf die Jagd nach den Schnittstellen der Erde begeben, an das Symbol des Kreuzes, das in jedem Zusammenfließen von Längengrad und Breitengrad verborgen liegt. Doch was treibt sie an? Was suchen sie? Und was hat gefunden, wer eine Schnittstelle der Erde aufgestöbert, dokumentiert und im Internet veröffentlicht hat?

Das vor Ort geschossene Foto zeigt einen Stein, eine Blume, eine Müllhalde, einen Baggersee. Der Kreuzungspunkt ist messbar, aber nicht sichtbar. Er ist so unsichtbar wie das Glück des Entdeckers. Worauf beruht es? Vielleicht hat er einen jener Punkte gefunden, die den Reichtum des inneren Lebens ausmachen. Vielleicht ist er der eigenen Mitte näher gekommen. Wer kennt die geheimen Zusammenhänge? Wer darf sie ergründen?

Das Kreuz schenkt Orientierung im geografischen Raum der sichtbaren Welt. Doch auch die innere Welt ist nicht ohne Konfluenzpunkte. Es sind jene Momente, in denen die Mitte des Lebens aufleuchtet. Niemand kann ihr Bild mit der Kamera festhalten.

Das Bild des Kreuzes umspannt die Erde. 64442 Kreuze bilden das unsichtbare Muster des blauen Planeten. Wie viele Schnittstellen mögen die Längengrade und Breitengrade der Seele bilden? Wie oft muss das Bild des Kreuzes in uns aufleuchten, bis wir erkennen, wer wir sind?

Das Radkreuz

Das Pluszeichen in der Mathematik gleicht dem Radkreuz. Es ist ein uraltes Symbol der Vollkommenheit. Horizontale und Vertikale entsprechen sich in der Länge. Das Radkreuz wird von den griechischen Kirchen bevorzugt. Das Vollkommene aber ist nicht mit unseren Sinnen zu erfassen. Wir begreifen es nicht.

Das Paradies liegt jenseits der messbaren Zeit und des vermessenen Raumes. Kein GPS kann es verorten. Doch auch das Paradies hat einen Konfluenzpunkt. In der Mitte des Gartens Eden stehen zwei Bäume: der Baum des Lebens und der Baum der Erkenntnis des Guten und des Bösen. Zwischen ihnen entspringt eine Quelle. Sie teilt sich in vier Arme – die Flüsse Gihon und Pishon, Euphrat und Tigris. Sie fließen in die vier Himmelsrichtungen und bilden so ein Kreuz.

Aus vier Buchstaben besteht das Buch des Lebens, aus vier Buchstaben ist das hebräische Wort für „Mensch" gebildet: ADAM. Damit wird nicht der Mann bezeichnet, sondern der vollkommene Urmensch oder Adam Kadmon, von dem die Kabbala spricht. Der ADAM wird aus der Mutter Erde gemacht. Erde heißt im Hebräischen ADAMA. Gott haucht seinen Odem in das Kind der Erde. So sind wir nach diesem Mythos durch unsere Seele dem Göttlichen und durch unseren Leib dem Irdischen verbunden. Himmel und Erde durchkreuzen sich in uns. Wir sind Kinder der Erde und zugleich Kinder des Lichtes.

In den alten Mythologien kennzeichnet das Kreuz die heilige Mitte. Zugleich verbindet es das Zentrum mit den Außenbezirken, die Peripherie mit der Mitte. So entsteht ein Mandala. Es hält die großen Gegensätze des Lebens zusammen und stiftet das Bewusstsein der Einheit in der Vielzahl der Dinge.

Auch den christlich geprägten Labyrinthen wie Chartres liegt das Kreuz zugrunde. Im Mandala und im Labyrinth deutet es die vier Weltgegenden an.

Alte Legenden wissen: Aus dem Baum des Lebens wurde das Kreuz Jesu gefertigt. Der Ort der Kreuzigung markiert jene Stelle, wo einst die Mitte des Paradieses lag. Golgatha ist die Mitte der Welt und zugleich der Konfluenzpunkt des Universums.

Justin der Märtyrer

Justin gehörte zu den frühen Christen. Er war ein gebildeter Mann und suchte den Dialog mit jüdischen Gelehrten und griechischen Philosophen. Kein runder Tisch mit unverbindlichem Meinungsaustausch. Kein gegenseitiges Abnicken von Ansichten. Justin war überzeugt, dass es letzte Wahrheiten gibt. Man brauchte nur das Bild der sichtbaren Welt zu betrachten und seinen Verstand zu nutzen, um höhere Einsicht zu erlangen. Das war seine Überzeugung.

Wer mit spirituellem Spürsinn die Welt der sichtbaren Dinge betrachte, der sehe die Spuren des Kreuzes überall: im Segel des Schiffes, im Pflug, im Spaten, im Hammer, im Körperbau des Menschen:

„Betrachtet doch alles, was im Kosmos ist, ob es denn ohne die Figur des Kreuzes gehandhabt werden oder Bestand haben kann. Das Meer kann nicht durchquert werden, wenn nicht die Segelstange auf dem Schiff unversehrt bleibt. Die Erde wird nicht gepflügt ohne das Kreuz. Grabende und Handwerker verrichten ihre Arbeit nicht ohne Werkzeuge, die diese Form haben. Die menschliche Gestalt unterscheidet sich in nichts anderem von der Gestalt der Tiere, als dadurch, dass sie aufrecht geht und die Hände ausspannen kann.“

Justin stellte das Kreuz nicht gleichwertig neben andere Symbole. Es war ihm nicht eine Wahrheit unter vielen Wahrheiten. Das Kreuz war ihm die letzte Wahrheit. Nicht allein der Glaube, der Bauplan der Welt bezeugte es. Die Welt ist Kosmos, nicht Chaos!

In einer liberalen und pluralistischen Gesellschaft hätte man ihn reden lassen. Soll doch jeder Mensch nach seiner Façon selig werden! Justin kostete seine Überzeugung das Leben. In der Regierungszeit des römischen Kaisers Marc Aurel kam es zu den härtesten Christenverfolgungen seit Nero. Marc Aurel fühlte sich als Philosoph auf dem Kaiserthron. Seine „Selbstbetrachtungen" werden zur Weltliteratur gezählt. Christen wurden solange geduldet, wie sie ihren Glauben verheimlichten und ein Leben im Verborgenen führten. Wer bei der Blutprobe des Martyriums das Kreuz verleugnete, kam wieder frei. Justin ging nicht in die Knie, sondern tauchte ein in das Geheimnis des Kreuzes.

Gegensätze ziehen sich an

Im Kreuz vereinigen sich zwei Bewegungsrichtungen und bilden eine Mitte. Um sie herum gruppieren sich vier Quadrate. So liegen der Gestalt des Kreuzes zwei Zahlen zugrunde: die Zwei und die Vier. Die Zwei steht für die großen Gegensätze, aus denen der bunte Teppich des Lebens gewebt wird. Es ist das Prinzip der Dualität: Sinne und Seele, Natur und Geist, Mann und Frau, Licht und Schatten, Leben und Tod, Oben und Unten, Mensch und Gott, Ich und Du. Die Zahl Vier dagegen steht in der Zahlenmystik für die Erde und die Ganzheitlichkeit (Quaternität) oder Vollkommenheit der Seele.

Gegensätze ziehen sich an. Sie befruchten und ergänzen sich gegenseitig. Was bisher fehlte, tritt hinzu.

Gegensätze schenken Selbsterkenntnis. Das eigene Leben spiegelt sich im Fremden.

Der Teppich des Lebens wird auf ein kreuzförmiges Muster geknüpft.

Gegensätze stoßen sich ab. Zwei Kräfte prallen aufeinander. Es kommt zu Spannungen. Das Holz des Lebens beginnt zu arbeiten. Es kracht im Gebälk.

Vielleicht zerreißt die Spannung das soeben Geformte. Das Fremde bleibt fremd. So hat die Zwei im Symbol des Kreuzes auch ihre Schattenseite. Sie steht für den Zweifel, die Unentschiedenheit, das gespaltene Bewusstsein, ja die Verzweiflung.

Im Kreuz treffen Gegensätze aufeinander. Sie wollen nicht nur ausgehalten werden, sondern sich an einem Punkt durchdringen. Dann durchkreuzen sich im Kreuz zwei Bewegungsrichtungen. Der Blick öffnet sich auf unbekannte Horizonte. Licht aus der Mitte bricht hervor.

Andreas war der Bruder des Petrus, jenes Mannes, der Jesus zuerst nachfolgte und ihn später vor dem Kreuz verleugnete. Über das Leben des Andreas gibt es viele Berichte. Diese Andreasakten erfreuten sich über viele Jahrhunderte großer Beliebtheit. Andreas starb den Tod am Kreuz mit jener Gelassenheit des Philosophen Sokrates, die ihn ohne Furcht den Becher mit tödlichem Trank trinken ließ. Berühmt geworden ist seine Rede an das Kreuz:

„Sei mir gegrüßt, o Kreuz!
Ich kenne dein Geheimnis,
um dessentwillen du auch errichtet bist.
Du bist nämlich im Kosmos aufgerichtet,
um das Unstete zu befestigen.
Und ein Teil von dir erstreckt sich bis zum Himmel,
damit du so den himmlischen Logos,

das Haupt aller Dinge, anzeigst.
Ein anderer Teil von dir wurde zur Rechten und zur Linken
ausgebreitet,
damit du die furchtbare feindliche Macht in die Flucht jagst
und den Kosmos zusammenbringest.
Ein anderer Teil von dir ist in der Erde befestigt,
in der Tiefe gegründet,
damit du,
was in der Erde und unter der Erde sich befindet,
mit dem, was im Himmel ist, verknüpfest.“

Die Zahl Vier

Unter den Kirchenbesuchern der Gegenwart sind Frauen in
der Überzahl. Wahrscheinlich hatte schon Jesus mehr Jüngerinnen als Jünger. Dass sie vielfach im Hintergrund stehen, ist
ein Ausdruck des Zeitgeistes. Seinem Einfluss entgeht keine
Generation. Auch die Kirche folgt seinen Einflüsterungen und
Moden. Der Zeitgeist schafft die Ikonen der Gegenwart. Selbst
ein Papst ist vom Geist seiner Zeit nicht frei. Wer in seiner Zeit
wirken will, muss sich ihm aussetzen, aber darf sich ihm nicht
unterwerfen. Die Balance zu halten, ist eine Lebenskunst.

Ob Mann oder Frau – darauf kommt es nicht an, wenn Jesus den innersten Zirkel seiner zwölf Jünger in Dreiergruppen
teilt. Es geht um das Symbol der Zahl Vier. Zwölf Jünger ziehen
jeweils zu Dritt nach Osten, Süden, Westen und Norden – in
die vier Enden der Welt. Ihr Auftrag ist die Verkündigung. Alle
Enden der Erde sollen Gottes Heil schauen. Unter den vielen
Evangelien dieser jungen Bewegung gab es auch das „Evangelium der vier Himmelsgegenden“. Es wurde auch „Evangelium
der vier Weltenden“ genannt. Wie viele Bücher der Frühzeit ist
es im Strom der Überlieferung verloren gegangen.

Durch das Kreuz wird die Welt in vier Teile geteilt. Zur Erde gehören die vier Jahreszeiten Frühling, Sommer, Herbst und Winter, die vier Elemente Wasser, Erde, Luft und Feuer und die vier Windrichtungen Osten, Süden, Westen und Norden. Der Garten in Eden hatte vier Flüsse: Euphrat und Tigris, Gihon und Pishon. Zum Menschen gehören die vier Temperamente (Sanguiniker, Phlegmatiker, Choleriker, Melancholiker), die vier Kardinaltugenden (Tapferkeit, Gerechtigkeit, Besonnenheit und Klugheit), die vier großen Propheten (Jesaja, Jeremia, Ezechiel, Daniel) und die vier Evangelisten.

Sie heißen Matthäus, Markus, Lukas und Johannes. Berichte vom Leben und Sterben Jesu gab es viele. Doch nur vier dieser Evangelien wurden schließlich in die Bibel aufgenommen. Einen Grund für diese Auswahl aus der Vielfalt des Überlieferten nennt Irenäus, der zweite Bischof von Lyon. Geboren wurde er in Smyrna, dem heute türkischen Izmir. Wie Justin erlitt er unter Kaiser Marc Aurel den Märtyrertod. Irenäus schreibt über die Vierzahl der Evangelien:

„Da es aber vier Gegenden der Welt, in der wir leben, gibt, und vier Winde der vier Himmelsrichtungen, da andererseits die Kirche über die ganze Erde ausgebreitet und das Evangelium und der Geist des Lebens die Säule und der Grund der Kirche sind, ist es folgerichtig, dass diese Kirche vier tragende Säulen hat, die von allen Enden her die Unverweslichkeit ausstrahlen und den Menschen beleben."

Als Symbol der Überwindung der Gegensätze und der Vollkommenheit wurde das Kreuz schon in vorchristlicher Zeit von den Ägyptern und Indern verehrt. Das ägyptische Anch-Zeichen wird auch Henkelkreuz, Crux ansata oder ägyptisches Kreuz genannt. Das ägyptische Wort „Anch" bedeutet „Leben". In der altägyptischen Kunst ist es ein häufig vorkommendes Zeichen in der Hand der Götter. Die christlichen

Kopten übernahmen es. Die koptisch-orthodoxe Kirche hat in Ägypten 11 Millionen Mitglieder. Beruft sich die römisch-katholische Kirche auf Petrus, so versteht sich der koptische Papst Tawadros II. als Nachfolger des Apostels Markus. Der Ökumenische Patriarch von Konstantinopel, Bartholomaios I., beruft sich auf den Apostel Andreas.

Ein Papst in Rom. Ein Papst in Kairo. Ein Papst in Istanbul. Vielleicht eine Einheit in der Vielzahl der Traditionen. Doch wo ist der vierte Papst? Der vierte Papst lebt im Verborgenen. Er ist der verleugnete Papst der Ökumene. Eines Tages wird er aus der Verborgenheit treten.

Die Swastika

Kein Symbol ist vor Missbrauch geschützt. Das gilt auch für das Kreuz. Über Missbrauch in der Kirche muss Klartext geredet werden, damit die Spreu vom Weizen getrennt wird. Dass Symbole eine wechselvolle und manchmal geradezu dämonische Geschichte haben, lässt sich am Beispiel des Hakenkreuzes verfolgen.

Das Hakenkreuz oder die Swastika war ursprünglich ein positives magisches Symbol. Mit Ausnahme von Australien war es in prähistorischer Zeit weltweit verbreitet. Das Wort kommt aus der altindischen Sprache Sanskrit und bedeutet „Heil bringendes Zeichen" oder auch „Glücksbringer". Im Altenglischen heißt es „Fylfot" und im Althochdeutschen „Fyrfos" („Vierfuß").

Die Grundform der Swastika besteht aus einem gleichschenkligen Kreuz. Seine vier Balken sind wie beim griechischen Kreuz oder dem Plus-Zeichen in der Mathematik gleich lang. An den Enden sind sie rechtwinklig gestaltet, sodass der Gesamteindruck von einem laufenden Rad entsteht. Deshalb wird sie auch Sonnenrad genannt. In England heißt die Swastika „Running Wheel". Weil der rechte Winkel an jedem der vier Kreuzenden an den griechischen Buchstaben Gamma erinnert, wird sie auch „Crux Gammata" genannt.

In Indien gilt die Swastika noch immer als Glückssymbol. Sie findet sich in Teppiche gewebt, auf Tücher und Schals gestickt oder in Tempelsäulen gemeißelt. Dabei haben die Bewegungsrichtungen von Rechts und Links eine Bedeutung. Mit der jeweiligen Bewegungsrichtung einer Swastika werden die Gegensätze des Lebens angedeutet. Die rechtsläufige Swastika bedeutet Aufstieg, Glück, Neugeburt. Sie symbolisiert das männliche Prinzip und den Gott Ganesha.

Die linksläufige Swastika steht für das weibliche Prinzip und die Göttin Kali. Sie steht für Niedergang, Vergehen und Tod. Die Swastika tauchte um 2500 v. Chr. in der Induskultur von Mohenjo-Daro und Harappa auf. Sie beeinflusste auch die Symbolik des indischen Buddhismus. Noch heute wird sie in Japan und Südkorea als Piktogramm verwendet. Auf Landkarten oder Stadtplänen zeigt sie die Lage eines buddhistischen Tempels an – so wie im westlichen Kulturkreis das Kreuz auf eine Kirche hinweist.

Eine Swastika findet sich auch auf der Brust der großen Buddha-Statue auf der Insel Lantau in Hongkong. Das Wappen der chinesischen Falun-Gong-Bewegung zeigt fünf Swastiken aus buddhistischer Tradition und vier Mal das Symbol Yinjang aus der daoistischen Überlieferung. Das Wort „Fa" bedeutet „Gesetz". „Un" bedeutet „Rad". Die Swastika wird hier mit dem Rad der Lehre aus dem Buddhismus verknüpft.

In Nepal kennzeichnen Wähler die Wahlbögen mit einer Swastika, und in Tibet schmücken Bauern die Eingangstüren zu ihren Höfen mit diesem Symbol. Es soll die Dämonen fernhalten. Auch das in Irland weit verbreitete Kreuz der Heiligen

Brigit („Brigit's cross") erinnert an die Swastika. Selbst auf den Wandmalereien der frühchristlichen Katakomben finden sich Hakenkreuze, so auf dem Mantel des Engels Raphael. Dieser Schutzengel ist der Seelenbegleiter des jungen Tobias.

Von Europa bis Indien und Bengalen erstreckt sich der indogermanische Sprachraum. So fand dieses Symbol auch Eingang in die alten nordischen Mythologien. Hier symbolisiert es das Sonnenrad, Thors Hammer, eine doppelte Wolfsangel, sich kreuzende Blitze oder ein Spiralmotiv. Wie das vierblättrige Kleeblatt galt es als Glückssymbol und tauchte in dieser Funktion sogar auf Glückwunschpostkarten und einer Coca-Cola-Werbung (1925) auf. Der Dichter des „Dschungelbuches", Rudyard Kipling, benutzte es bis 1935 als Wappen in seinen Büchern.

Das uralte Symbol war im Norden vor allen Dingen verbunden mit dem Sonnenkult, wie er an Johannis gefeiert wird. Im 20. Jahrhundert wurde es verschiedentlich zum Symbol von Unabhängigkeitsbewegungen. So erscheint es auf finnischen und lettischen Orden und auf den Flugzeugen dieser Länder als militärisches Hoheitszeichen. 1918 wurde in Finnland die paramilitärische Organisation „Lotta Svärd" („Lottas Schwert") gegründet. In ihr dienten Frauen unter dem Symbol einer blauen Swastika. Ihr Vorbild war die Marketenderin Lotta des Dichters Johann Ludvig Runeberg, die auch Bertolt Brecht zu seinem Theaterstück „Mutter Courage und ihre Kinder" inspirierte.

Die Swastika gehörte der Welt. Dann begann der Missbrauch. In Deutschland war die Swastika zu Beginn des 20. Jahrhunderts das Zeichen verschiedener antisemitischer Verbände. Adolf Hitler übernahm es als Kampfabzeichen der NSDAP. Das „arische" Hakenkreuz war für ihn der bewusst gewählte Gegensatz zum „semitischen" christlichen Kreuz.

Mit dem Hakenkreuz verband er die Vorstellung von Kraft, Macht, Stärke und dem Willen zum Sieg. Das christliche Kreuz verknüpfte er mit Schwäche, Ohnmacht und Schuldgefühlen. Für ihn war es ein jüdisches Symbol der Unterdrückung. So wurde das Hakenkreuz zu einem antichristlichen Symbol.

Angeregt durch den Starnberger Zahnarzt Friedrich Krohn, ein frühes Mitglied der Partei, hatte Hitler Mitte des Jahres 1920 die Parteifahne der NSDAP entworfen. Sie zeigte das schwarze Hakenkreuz in einem weißen Kreis auf rotem Grund. Die rote Blutfahne war in alter Tradition die Fahne der Märtyrer. In der Arbeiterbewegung war sie die Signalfarbe der Kommunisten. Hitler griff sie bewusst auf, um zu provozieren. Von 1933–1945 stand das Hakenkreuz im Dienstwappen der deutschen Wehrmacht. Durch das Reichsflaggen-Gesetz vom 15. September 1935 wurde das Hakenkreuz bis 1945 zur Nationalflagge des Deutschen Reiches.

Einen doppelten Missbrauch betrieben die Deutschen Christen. So nannten sich die nazitreuen evangelischen Christen im Dritten Reich. Ihr Führer war der Reichsbischof Ludwig Müller. Als sichtbaren Ausdruck seiner Gesinnung trug er ein Bischofskreuz, in dem das Kreuz Christi und das Hakenkreuz zu einer Einheit verschmolzen waren. Heute ist das Hakenkreuz in Deutschland ein Symbol für Rassenhass und Faschismus. Das deutsche Strafgesetzbuch stellt seine Verwendung unter Strafe.

3. *Anstoß:* Das Opfer

> „Sein Leben aber opfern dürfen und können,
> das ist von Gott aus gesehen die Gabe des
> Vertrauens.
> Wer vertraut und hofft, für den gibt es kein Opfer,
> das ihm Opfer wäre; es ist ihm ganz natürlich zu
> opfern, er weiß es gar nicht anders."
> *Franz Rosenzweig.* Der Stern der Erlösung

Ein Haus in Schweden

Ein Traum war in Erfüllung gegangen: Gudrun und ich hatten ein Haus in Schweden gekauft. Es lag bei Undenäs an dem See Viken. Sein Wasser wärmt sich im Sommer schnell auf. Durch den Viken fließt der Göta-Kanal. Er verbindet Göteborg mit Stockholm. Ich kaufte mir ein kleines Ruderboot, ließ mich auf dem Wasser treiben und schaute den Schiffen auf ihrem Weg zu den Schleusen in Tåtorp und Forsvik zu. Einst hatte sich auch Hans Christian Andersen über den Viken fahren lassen.

Hinter dem Ferienhaus lag ein kleiner Wald. In ihm wuchsen Pfifferlinge und Blaubeeren. Die kleine Villa Kunterbunt hatten wir zu einem günstigen Preis von einem Mitarbeiter der IKEA-Weltzentrale in Älmhult erwerben können. Gunnar hatte das gelb gestrichene Haus von seiner Mutter geerbt und liebevoll renoviert. Nach einem Nervenzusammenbruch hatte er sich eine lange Auszeit genommen. Als die Renovierung vollendet war, beschloss Gunnar weit in den Norden von Schweden zu ziehen, von Västergötland nach Norrland, in die Heimat seiner jungen Frau. Geld war ihm nicht wichtig. Er wollte das Haus so schnell wie möglich loswerden.

Gunnar hatte bei IKEA Karriere gemacht. Ein Burnout durchkreuzte die steile Kurve seines beruflichen Aufstiegs. Die Arbeit am Haus seiner Mutter brachte ihm keine Entspannung. Es gab kein Zurück in das alte Leben. Doch diese Zusammenhänge verstand ich damals nicht. Ich übersah auch die kleinen Zeichen am Wegesrand, mit denen mein Leben durchkreuzt wurde.

Wieder war ich auf dem Weg nach Undenäs, um in dem Ferienhaus ein Buch zu schreiben. Da geschah es. Kein Elch trat aus dem Wald, kein Reh sprang über die Straße. Etwas Unverhofftes kreuzte meinen Weg. Der Wagen fuhr nicht mehr. Die Elektronik war zusammengebrochen. Nicht einmal die Warnblinkleuchte funktionierte. Ich stand mitten auf der Straße. Schnell verließ ich den Wagen und sicherte den Ort durch ein Warnschild.

Was tun? Wo Hilfe finden? Ich war seit elf Stunden unterwegs. Nach verschiedenen Versuchen konnte der Motor wieder gestartet werden. Ich fuhr zwei oder drei Kilometer weiter. Kein Haus weit und breit. Dann brach die Elektronik erneut zusammen. Das wiederholte sich einige Male, bis ich eine Parkbucht fand. Ich begab mich auf die Suche nach Hilfe. Oberhalb der Straße lag eine kleine Siedlung von vier oder fünf Holzhäusern. Ein Engel hing an der Eingangstür des ersten Hauses. Ich klopfte, aber niemand öffnete. Im nächsten Haus fand ich Hilfe. Zwei Hunde begrüßten mich und wedelten mit den Schwänzen. Aus der Wohnküche strömte der Duft von frisch gebackenen Waffeln.

Was tun? Die nächste Werkstatt befand sich in weiter Ferne. Das Wochenende stand bevor. Niemand hätte sich um das Auto kümmern wollen. Wichtig war vor allen Dingen Zeit zu gewinnen. Sie wurde mir durch die Menschen geschenkt, deren Nachmittagskaffee (Fika) ich durchkreuzt hatte. Sie liehen mir einen Wagen, damit ich mein Fahrtziel erreichen konnte. Alles Weitere würde sich finden. Da war ich ganz zuversichtlich.

Ein Jahr später verliebte sich Gudrun in unseren schwedischen Nachbarn. Er war der beste Freund von Gunnar und hatte mit ihm das Haus renoviert. Ingmars Frau hatte ihn und die beiden Töchter wegen eines deutschen Arztes sitzen lassen. Nun nahm Gudrun ihren Platz ein. Einige Zeit später folgte ihr unser ältester Sohn. Er verliebte sich in die älteste Tochter von Ingmar. Sie wurden ein Paar und bekamen bald eine Tochter. Beide habe ich nie wieder gesehen. Aber ich hatte einen Roman erlebt, der nie geschrieben werden sollte.

Es gibt kein Leben ohne Schuld

Wenn sich die dunklen Tage des Opfers ankündigen, verschließen wir die Augen – gerade vor uns selbst. Doch in der Tiefe der Seele weiß jeder: Auch für mich wird die Stunde kommen, wo ich mein Kreuz zu tragen haben werde.

Wer eine Schuld begeht, muss für die Folgen einstehen. So lernen es die Kinder in der Familie und in der Schule. Eine Schuld kann vergeben werden. Vielleicht reicht eine Entschuldigung, wenn sie von Herzen kommt. Wir leben in einer Zeit leichtfertiger Entschuldigungen. Die öffentliche Entschuldigung ist zu einer rhetorischen Floskel geworden. Es werden viele Worte gemacht, hinter denen nichts steht. Eine echte Entschuldigung geht über die Lippen. Aber sie kommt aus dem Herzen.

Wer einen anderen Menschen zum Sündenbock macht, ist gemein. Er lastet ihm auf, was er selbst verbockt hat. Das weiß jedes Kind. Doch für alles gibt es eine Entschuldigung oder einen Nachteilsausgleich. Eltern, Lehrer, Ärzte, Psychologen, Politiker und Präsidenten bieten sich als Sündenböcke an.

Besser als jede Entschuldigung wäre ein Leben ohne Schuld. Man könnte Vegetarier werden oder Veganer. Doch wer weiß, ob nicht auch die Pflanzen eine Art Bewusstsein haben?

Es gibt keine reinen und unschuldigen Kinder. Natürlich hat das Neugeborene keine Schuld auf sich geladen. Wie denn auch? Doch je älter das Kind wird, desto mehr werden ihm die Sünden der Mütter und Väter, der Großmütter und Urgroßväter bewusst. Sünden gegenüber der Umwelt, an deren Folgen das Kind leiden muss. Sünden gegenüber anderen Völkern und Religionen, die noch immer nicht durch Akte der Reue, durch Rückgabe von Beute oder durch Reparationszahlungen vergolten worden sind. Das Kind erbt diese Sünden, für die es selbst nicht verantwortlich ist.

Die dunklen Stunden und Leidenswege gehören zum Geheimnis des Lebens. Die Tage Hiobs, die Nägel, die Dornenkrone, das Kreuz und der Hügel Golgatha. Niemand wählt sie freiwillig. Niemand will Opfer oder Sündenbock sein. Doch gibt es kein Leben ohne Schuld. Das ist ein Verhängnis.

Der Sündenbock

Es gibt echte und falsche Sündenböcke. Falsche Sündenböcke lenken ab von eigener Schuld. Sie gehören zur Psychologie der Verdrängung und Verleugnung. Wer einen anderen Menschen zum Sündenbock macht, läuft vor sich selbst davon. Er ist zutiefst unehrlich. Die Wartezimmer der Psychologen sind von Menschen dieser Art voll. Ihre Sündenböcke heißen Vater, Mutter, Bruder, Schwester.

Echte Sündenböcke sind Ausdruck der schrecklichen Erfahrung: Es gibt Verbrechen, die größer sind, als ein Mensch, manchmal sogar größer, als ein Volk sie tragen kann. Da ist eine Entschuldigung nötig, ein Akt der Reue, ein Kniefall, Rituale bleibender Erinnerung. Aber all das reicht nicht.

Die Vorstellung vom echten Sündenbock stammt aus der alten jüdischen Welt. Der Sündenbock gehört zu einem archaischen Reinigungsritual am großen Versöhnungstag, wie es das Buch der rituellen Gesetze und der Aufgaben des Priesters beschreibt. Im Buch Leviticus werden dem Volk die Leviten gelesen. Doch statt seiner wird ein Bock zur Sühne in die Wüste geschickt. Gott selbst bestimmte durch den Propheten Moses den Ablauf des Rituals. Mit der Durchführung des Sühnopfers für die Sünden Israels wurde Moses' Bruder Aaron beauftragt.

Im Zentrum des Sühnerituals (Leviticus 16,5–10) stehen zwei Böcke. Der eine wird Gott im Tempel geopfert, der andere dem Wüstendämon Asasel. In einem Ritual überträgt der Priester die Sünden des Volkes auf den Bock und schickt ihn anschließend in die Wüste. Dort wird der „Sündenbock" elendig verdursten.

„Aaron soll einen Stier, sein Sündopfer, darbringen, dass er für sich und sein Haus Sühne schaffe, und danach zwei Böcke nehmen und vor den Herrn stellen an der Tür der Stiftshütte und soll das Los werfen über die zwei Böcke: ein Los dem Herrn und das andere dem Asasel, und soll den Bock, auf welchen das Los für den Herrn fällt, opfern zum Sündopfer. Aber den Bock, auf welchen das Los für Asasel fällt, soll er lebendig vor den Herrn stellen, dass er über ihm Sühne vollziehe und ihn zu Asasel in die Wüste schicke.

Dann soll Aaron seine beiden Hände auf dessen Kopf legen und über ihm bekennen alle Missetat der Israeliten und alle ihre Übertretungen, mit denen sie sich versündigt haben, und soll sie dem Bock auf den Kopf legen und ihn durch einen Mann, der bereitsteht, in die Wüste bringen lassen, dass also der Bock alle ihre Missetat auf sich nehme und in die Wildnis trage; und man lasse ihn in der Wüste."

Es gibt die Erfahrung einer Schuld, die nicht aus eigener Kraft gesühnt werden kann. Sie hat die Deutung des Todes Jesu am Kreuz entscheidend beeinflusst. Christus ist das „Lamm Gottes, das hinwegnimmt die Sünden der Welt". Durch sein Opfer gilt die Sünde als gesühnt. Christus ist der Sündenbock und zugleich der neue Mensch. Die Folgen des Engelsturzes und des Sündenfalles sind durch sein Opfer gesühnt.

Schädelstätte

Golgatha – das sind die Schädelstätten und Schinderhütten, die Folterkammern und gefliesten Kerkerwände, die Vernichtungslager. Golgatha – das ist die uralte Erfahrung des Leidens Unschuldiger: Flüchtlinge und politisch Verfolgte, Außenseiter und Querdenker, Menschen anderer Rassen und Religionen. Sie wurden zu Sündenböcken, zu Opfern der Willkür und des Wahns, zu Opfern von Neid und Eifersucht.

Der Berg Golgatha oder Golgotha ist der Ort der Kreuzigung Jesu. Der Name stammt aus der aramäischen Muttersprache Jesu. Das Wort „Golgotha" bedeutet „Schädel" oder „Kugel". Diese Schädelstätte ist heute Teil der Grabeskirche in Jerusalem. Golgatha wird auch Kalvarienberg genannt – nach dem lateinischen Wort „calvaria" („Hirnschale" oder „Schädel").

„Und als sie an die Stätte kamen mit Namen Golgatha,
das heißt: Schädelstätte, gaben sie ihm Wein zu trinken
mit Galle vermischt;
und als er's schmeckte, wollte er nicht trinken."
Matthäus 27,33

Golgatha ist ein mythischer Ort. Der Legende nach wurde der erste Mensch auf dem Hügel Golgatha beigesetzt. Sein Grab lag genau an der Stelle, wo Jesus einst gekreuzigt werden sollte. Adam und Christus wurden aufeinander bezogen wie Sünde und Sühne, wie Schuld und Vergebung. Deshalb sieht der Betrachter auf vielen Kreuzigungsdarstellungen des Mittelalters unter dem Kreuz Jesu einen hell glänzenden Totenkopf. Er symbolisiert den ersten Adam, durch dessen Fehltritt die Sünde in die Welt kam. Durch den Opfertod des zweiten Adam, so erlebte es Paulus, wird die Sünde des ersten Adam gesühnt.

Die Erlösung ist ein Prozess. Er geht durch die Weltgeschichte bis ans Ende der Zeit. Dann werden die Akten geschlossen, das Urteil wird gefällt. Bis dahin regieren das Schwert, die Entzweiung, die Feindschaft, die Elternkonflikte, das Kreuz und der Tod:

„Ihr sollt nicht meinen,
dass ich gekommen bin, Frieden zu bringen auf die Erde.
Ich bin nicht gekommen, Frieden zu bringen, sondern das Schwert.

Denn ich bin gekommen,
den Menschen zu entzweien mit seinem Vater
und die Tochter mit ihrer Mutter
und die Schwiegertochter mit ihrer Schwiegermutter.
Und des Menschen Feinde
werden seine eigenen Hausgenossen sein.

Wer Vater und Mutter mehr liebt als mich,
der ist meiner nicht wert;
und wer Sohn und Tochter mehr liebt als mich,
der ist meiner nicht wert.

Und wer nicht sein Kreuz auf sich nimmt
und folgt mir nach, der ist meiner nicht wert.
Wer sein Leben findet, der wird's verlieren;
und wer sein Leben verliert um meinetwillen,
der wird's finden."
Matthäus 10,34–39

Andrej Tarkowskij

Die Mediathek des Vatikans umfasst 45 Filme in den Katego-
rien Religion, Werte und Kunst. Sie wurde im Jahr 1995 auf
Anregung von Johannes Paul II. zusammengestellt. Zu den
empfohlenen Filmen im Bereich Religion gehören „Andrej
Rubljow" (1969) und „Opfer" (1986) von Andrej Tarkowskij
(1932–1986). In magischen Bildern umkreist der russische
Regisseur das Mysterium der Aufgabe des Egos und der Hingabe an einen höheren Willen. Tarkowskij schreibt in seinem
Rechenschaftsbericht „Die versiegelte Zeit" über den Opfer-
gedanken:

„Natürlich bin ich mir bewusst, dass der Opfer-Gedanke
heute alles andere als beliebt ist – kaum jemanden verlangt
danach, sich für einen anderen oder für irgendetwas aufzuop-
fern. Entscheidend aber bleiben die unerbittlichen Folgen
dieses Verhaltens: der Verlust an Individualität zugunsten
einer noch ausgeprägteren Egozentrik, als sie ohnehin schon
sowohl zahllose zwischenmenschliche Beziehungen wie auch
das Verhältnis ganzer Bevölkerungsgruppen im Zusammen-
leben mit anderen, benachbarten bestimmt, vor allem aber
der Verlust auch der letzten noch verbliebenen Möglichkeit,
geistigen Entwicklungen statt materiellem ‚Fortschritt' Raum
zu geben und damit wieder eine würdevolle Existenz zu er-
möglichen."

Auf der schwedischen Insel Gotland drehte Tarkowskij den Film „Opfer". Von einer drohenden Atomkatastrophe ist die Rede und der Frage, ob sie der Einzelne verhindern kann. Die Antworten der Vernunft liegen auf der Hand: Abrüstung, Appelle und Petitionen, Schüler-Demonstrationen am Freitag und Verhandlungen der Mächtigen.

Tarkowskij spielt mit einer mystischen Reaktion auf das kommende Unheil. Die Hauptperson bringt ein Opfer, lässt Familie und allen Besitz hinter sich. Das Opfer wirkt in Bereiche jenseits aller Vernunft. Es will den Urgrund berühren und Kraft aus der Tiefe der Schöpfung ziehen. Gleichnis dafür ist ein abgestorbener Baum. Totes Holz, das der Hauptdarsteller jeden Tag bewässert. Eines Tages treibt das tote Holz wieder aus. Ein Wunder und ein Zeichen, dass die Katastrophe abgewendet ist.

„Andrej Rubljow" erzählt die Geschichte eines Glaubensverlustes im Angesicht des Kreuzes. Der Maler und Mönch Rubljow gerät in die Wirren seiner Zeit. Er wehrt sich gegen seine Berufung als Ikonenmaler. Als er nach langem Leidensweg seinen Glauben wiederfindet, malt er die berühmteste aller Ikonen, die Dreifaltigkeitsikone („Troiza"). Ins Bild gesetzt sind die drei Engel, die Abraham und Sara besuchen und von ihnen bewirtet werden. Rubljow tischt den Engeln Wein und Brot auf, das Geheimnis des Opfers Jesu.

„Golgatha" – hieß das letzte Filmprojekt des russischen Regisseurs. Er starb am 29. Dezember 1986 an den Folgen seiner Krebskrankheit im Alter von 54 Jahren. Seine Tagebuchaufzeichnungen wurden unter dem Titel „Martyrolog" – Märtyrerakte oder Bericht eines Blutzeugen – veröffentlicht. Das Tagebuch eines Kreuzweges mit Beobachtungen, Reflexionen, Gebeten und der Hoffnung auf ein Wunder, wie es Tarkowskij immer wieder filmisch in Szene gesetzt hat.

Stockholm, 10. Dezember 1985

„Jetzt liege ich im Bett und kann nicht einschlafen! Und plötzlich habe ich meine Lunge ganz deutlich von innen gesehen, besser gesagt, einen Teil meiner Lunge, in der ein kleines Loch war, blutig, aber voller geronnenem Blut. Früher hatte ich keine derartigen Visionen."

Stockholm, 15. Dezember 1985

„Der Mensch lebt und weiß, dass er früher oder später sterben wird. Aber er weiß nicht, wann. Und deshalb schiebt er diesen Augenblick für eine unbestimmte Zeit von sich. Das hilft ihm zu leben. Aber ich weiß es jetzt. Und nichts kann mir helfen, zu leben. Und das ist sehr schwer."

Florenz, 24. Dezember 1985

„Herr! Stelle mich in Deinem Zorn nicht bloß, und bestrafe mich nicht in Deinem Zorn, Herr, erbarme Dich meiner, weil ich erschöpft bin, Herr, mache mich gesund, weil mein Körper und meine Seele stark erschüttert sind. Wende Dich zu mir, Herr. Erlöse meine Seele. Rette mich um Deiner Barmherzigkeit willen, denn im Tode kann keiner mehr Deiner gedenken. Wer im Grabe liegt, kann Dich nicht mehr preisen!"

Paris, 13. Januar 1986

„Ich habe eine fürchterliche Nacht verbracht. Auch am Tag habe ich Rückenschmerzen. Ich habe keinen Zweifel, dass ich als Sieger aus diesem Kampf hervorgehe: Gott wird mir helfen. Meine Krankheit, das ist eine Heimsuchung, dank deren es mir möglich sein wird, Tjapus (seinen Sohn) und Anna Semjonowna (seine Schwiegermutter) aus der Sowjetunion herauszuholen. Ich bleibe siegreich, weil ich nichts zu verlieren habe. Ich gehe bis zum Ende. Das Wichtigste ist, dass Gott mir hilft. Geheiligt sei sein Name."

Paris, 28. Januar 1986

„Die Radio- und Chemotherapie habe ich diesmal besser verkraftet als das letzte Mal. Ich spüre einen Brechreiz, muss aber nicht erbrechen. Mal sehen, wie es weitergeht. Ich habe fürchterlichen Haarausfall, muss mich kahl scheren lassen. Maler aller Zeiten haben Golgatha gemalt und dafür ihren eigenen Hintergrund verwendet."

Paris, 22. April 1986

„Heute in der Morgendämmerung hörte ich eine Stimme. Sie rief: ‚Andrej!‘ Ich: ‚Ja?‘, und dann erwachte ich, aber neben mir war niemand."

Ohne Datum

„Die Liebe ist immer ein Geschenk von sich selbst an andere. Und obgleich das Wort *Selbstaufopferung* bereits einen negativen, äußerlich zerstörerischen Sinn (natürlich vulgär verstanden) in sich darbringt –, ist das Wesen dieses Aktes immer die Liebe, d.h. der positive, schöpferische göttliche Akt."

Santo Stefano, 25. Oktober 1986

„Soll man das Evangelium filmen und damit aufhören?! Aber wie? Wie soll man es drehen? Sehr poetisch und harmonisch ist das Evangelium des Lukas.

Aber wenn ich ‚Golgatha‘ mache, dann ist das äußerst schwierig zu realisieren: Die Massenszenen, die Kostüme, die Bauten, die Sondereffekte. Und natürlich muss das Ganze sehr poetisch sein: mit Wundern, Engeln, Visionen,

Stimmen, Vorahnungen, Erinnerungen, Träumen, Sonnenfinsternissen, Erdbeben und Vertreibungen von Dämonen. Jesus fühlt sich gewissermaßen schuldig in Bezug auf Judas. Jesus ist bestürzt über die unerbittliche Notwendigkeit, mit der Judas zum Verräter werden muss."

Maximilian Kolbe

Das Geschenk des Opfers ist mit dem Verstand nicht zu begreifen. Es ist ohne Berechnung und Eigennutz. Es überschreitet alle Vernunft, denn es ist ein Zeichen der Liebe. Die Liebe aber ist grundlos. Sie kennt keine Grenzen. Sie fürchtet nichts für das eigene Leben. Nicht einmal den Tod. Sie ist frei.

Pater Maximilian Kolbe ging für einen anderen Menschen in den Tod. Zur Abschreckung der Mitgefangenen im KZ Auschwitz war dieser Mann zum Hungertod verurteilt worden. Nichts hatte er verbrochen. Ein Opfer reiner Willkür. Einem Leidensgenossen war die Flucht aus dem Lager geglückt. Dafür wurde ein Sündenbock gesucht. Der Mann rief mit flehender Stimme, er sei Familienvater und habe mehrere Kinder. Daraufhin meldete sich Maximilian Kolbe, um an Stelle des Mannes den Hungertod auf sich zu nehmen. Kolbe war 1941 nach Auschwitz deportiert worden, weil die Gestapo entdeckt hatte, dass der katholische Priester jüdische Flüchtlinge versteckt hatte. Auschwitz ist das Golgatha des 20. Jahrhunderts. Hier sagte Johannes Paul II. im Jahre 1979:

„Ich komme heute als Pilger hierher. Man weiß, dass ich oft hier war – und wie oft! Und viele Male bin ich in die Todeszelle von Maximilian Kolbe hinabgestiegen, stand ich vor der Mauer des Todes und bin zwischen den Trümmern der Krematorien von Birkenau umhergegangen. So komme ich also und beuge meine Knie auf diesem Golgatha unserer Zeit, vor diesen Gräbern, die großenteils keinen Namen tragen wie das große Grab des unbekannten Soldaten.

Ich verweile am Ende gemeinsam mit Euch vor der Tafel mit der hebräischen Inschrift. Sie weckt das Andenken an das Volk, dessen Söhne und Töchter zur totalen Ausrottung bestimmt waren. Dieses Volk führt seinen Glauben auf Abraham zurück, der der ‚Vater unseres Glaubens‘ ist, wie Paulus von Tarsus es ausdrückte. Gerade dieses Volk, das von Gott das Gebot empfing: ‚Du sollst nicht töten!‘, hat an sich selbst in besonderem Ausmaß erfahren müssen, was Töten bedeutet. An diesem Gedenkstein darf niemand gleichgültig vorbeigehen.“

Die Kreuzwege der Märtyrer. Warum erschüttern sie uns? Weil sie bereit waren, ihr Leben zu opfern. Weil sie bezeugen, dass hinter dem Schatten des dunklen Kreuzes ein großes Licht leuchtet. Sie durchkreuzen mit ihrem Selbstopfer die Logik der Selbstbezogenheit und die Gesetze der materiellen Welt. So leuchtet in ihrem Bild die höchste Möglichkeit der Hingabe auf, zu der ein Mensch fähig ist – sich selbst um eines anderen Menschen willen zu opfern. Papst Johannes Paul II. hat diesen Blutzeugen heiliggesprochen.

Edith Stein

Edith Stein stammte aus einer jüdischen Familie und trat zum Katholizismus über. Papst Johannes Paul II. hat auch sie heiliggesprochen und zur Schutzpatronin Europas erhoben. Gemeinsam mit Birgitta von Schweden und Katharina von Siena soll sie die kulturelle Grundlage Europas verkörpern und vor Gott Fürbitte halten. Denn die Heiligen leben und greifen mit ihrem Gebet in das Weltgeschehen ein. So weiß es der Glaube.

Am 7. August 1942 wurde Edith Stein mit knapp 1000 Juden nach Auschwitz deportiert. Sie hat ihr Golgatha vorher geschaut und das Opfer angenommen. In ihrem letzten unvollendeten Werk „Kreuzeswissenschaft" schreibt sie:

„Kein Menschenherz ist je in eine so dunkle Nacht eingegangen wie der Gottmensch in Gethsemane und auf Golgatha. In das unergründliche Geheimnis der Gottverlassenheit des sterbenden Gottmenschen vermag kein forschender Menschengeist einzudringen. Aber Jesus kann auserwählten Seelen etwas von dieser äußersten Bitterkeit zu kosten geben. Es sind seine treuesten Freunde, denen er es als letzte Probe ihrer Liebe zumutet. Wenn sie nicht davor zurückschrecken, sondern sich willig hineinziehen lassen in die dunkle Nacht, dann wird sie ihnen zum Führer."

Edith Stein wurde am 12. Oktober 1891 als jüngstes Kind einer jüdischen Kaufmannsfamilie in Breslau geboren. Sie studierte bei Edmund Husserl, promovierte, durfte sich aber als Frau nicht habilitieren. Die Lektüre der Werke der spanischen Mystikerin Teresa von Avila ließ in ihr den Entschluss reifen, zum katholischen Glauben zu konvertieren. Am 1. Januar 1922 wird sie getauft. Sie arbeitet in den folgenden Jahren als Lehrerin, übersetzt Thomas von Aquin und Kardinal John Henry Newman und hält pädagogische Vorlesungen an der Universität Münster. Im Februar 1933 wird sie aufgrund der Rassengesetze von ihrer Dozententätigkeit ausgeschlossen. Am 14. November 1933 tritt sie als Novizin in den Karmel ein.

Der Karmeliterorden ging im 16. Jahrhundert aus den Reformen der Teresa von Avila und des Johannes vom Kreuz hervor. Das Volk nannte sie die „Unbeschuhten", was ihre offizielle Benennung wurde (Ordo Carmelitarum Discalceatorum). Edith Stein legte am 21. April 1938 ihre ewigen Gelübde ab. Wie der Brauch des Ordens es vorsah, wählte sie einen neuen Namen: Teresia Benedicta a Cruce – die vom Kreuz Gesegnete.

Nach der Reichspogromnacht versuchte der Orden sie in einem holländischen Kloster unterzubringen. Hier arbeitete Edith Stein an ihrer Betrachtung des Kreuzgeheimnisses, als zwei SS-Offiziere am 2. August 1942 an die Klosterpforte klopften und Einlass begehrten. In ihrem letzten Werk schrieb sie:

„Darum darf die Seele Trockenheit und Dunkelheit als glückliche Anzeichen ansehen: als Anzeichen, dass Gott daran ist, sie von sich selbst zu befreien. Er windet ihr ihre Seelenkräfte aus den Händen. Wohl hätte sie viel damit erwerben können, aber niemals so vollendet, vollkommen und sicher damit wirken können wie nun, wo Gott sie an der Hand nimmt. Er führt sie wie einen Blinden auf dunklen Wegen, ohne dass sie weiß, wo und wohin – doch auf Wegen, die sie selbst beim glücklichsten Wandeln durch den Gebrauch ihrer eigenen Augen und Füße nie gefunden hätte. Dabei macht sie große Fortschritte, ohne es selbst zu vermuten, ja in der Meinung, verloren zu sein."

4. *Anstoß:* Die Mitte

> „Im höchsten Ordnungsgange werden kosmische
> und irdische Strahlen so verwoben, dass sinnvolle
> Muster aufleuchten. Das ist ein Zeichen dafür,
> dass das Leben der Menschen, das Leben der
> Völker gelungen ist."
> *Ernst Jünger.* Strahlungen

Das Gipfelkreuz auf der Zugspitze

Im Jahr 1851 errichteten fromme Bergsteiger auf Deutschlands höchstem Berg ein Kreuz. 1993 wurde es durch ein fünf Meter hohes Kreuz ersetzt. Das Kreuz auf der Zugspitze ist mit Blattgold veredelt. So könnte sein Glanz aus 2962 Meter Höhe weit ins deutsche Land strahlen.

Die Bayerische Zugspitzbahn Bergbahn AG betreibt eine Seilbahn. Doch meine Nichte wollte das goldene Kreuz zu Fuß im steilen Aufstieg erreichen. Ihr Vater hatte ihr diese Pilgerreise zum Abitur geschenkt. Aus dem Münsterland waren sie angereist. Auf dem Gipfel angekommen, sahen sie den Schaft des Kreuzes mit unzähligen Aufklebern verunziert. Sie waren trotz der Überwachung des Kreuzes durch eine Webcam angebracht worden. Dabei war das Kreuz gerade von der Kunstschmiede Franz Würzinger aus Eschenlohe renoviert und die alten Aufkleber entfernt worden.

Niemand protestiert gegen das verunzierte Gipfelkreuz. Die Betreiber der Zugspitzbahn haben resigniert und schauen dem respektlosen Umgang mit dem Kreuz ohnmächtig zu. Eine Sprecherin der Bergbahn AG sagt: „Denn innerhalb kürzester Zeit würde es nach der Reparatur wieder vollgeklebt sein: es ist ein Teufelskreis." (FAZ vom 28. Juni 2019)

Jesus starb nicht am Kreuz

Wer glaubt, dass Gott am Kreuz gestorben sei, muss verrückt sein. Deshalb bestreitet der Islam den Tod des Gottessohnes am Kreuz: Jesus starb nicht auf Golgatha. Er trickste seine Wächter aus. Ein Scheinleib wurde statt seiner gekreuzigt. Der wahre Jesus aber sah der Kreuzigung mit überlegenem Lächeln zu. Doketismus wird diese weit verbreitete Sicht auf den Kern der Person Jesu genannt. Ihr gegenüber hat das Christentum in einem Prozess des langen Ringens seine Lehre von der doppelten Natur Jesu formuliert. Er ist zugleich wahrer Gott („Gott von Gott, Licht vom Licht, wahrer Gott vom wahren Gott") und wahrer Mensch („Er wurde für uns gekreuzigt"), wie es das Nizänische Glaubensbekenntnis verbindlich formuliert. Das Wesen des Christentums ist dieser Glaube an den Realismus der Inkarnation bis hinein in das Martyrium Gottes.

Zu den Suren, die nach muslimischer Überlieferung dem Propheten Mohammed in der Höhle von Hira durch den Engel Gabriel offenbart wurden, gehört auch eine klare Abgrenzung von diesem Kernbereich des Christentums. Das Sprachgenie Friedrich Rückert übersetzt die Sure 4,157: „Es täuschte sie ein Scheinbild nur." Der Islam lehnt aus diesem Grund auch die Dreieinigkeitslehre („Trinitätslehre") des Christentums entschieden ab. Jesus war einer der vielen Propheten. Doch Mohammed ist das Siegel der Propheten. Wer dies nicht sieht, verschließt die Augen vor der Wahrheit:

„Ja, der Messias, Jesus, Sohn der Maria, ist
Der Abgesandte Gottes, und sein Wort, das er
Gegossen auf Maria, und ein Geist von ihm.
So glaubt an Gott und seine Abgesandten,

Und sagt nicht: Drei sinds! lasset ab! das ist euch besser.
Gott ist ein einziger Gott! Lobpreis ihm, es sei ferne,
Dass sein ein Sohn sei!"
Sure 4,171ff.

Al-Halladsch

Der Mystiker Al-Halladsch wurde 922 in Bagdad wegen angeblicher Gotteslästerung auf grauenhafte Weise gekreuzigt. Die Einzelheiten erspare ich mir. Annemarie Schimmel hat sie in ihrer Halladsch-Biographie „O Leute, rettet mich vor Gott" (1985) geschildert. Der Mystiker sprach von einem Gotteserleben in der eigenen Seele. In dieser Vereinigung wiederholte sich die Inkarnation. Gott und Menschen verschmolzen zu einer Einheit.

„Ich bin der, den ich lieb': Er, den ich liebe
Ist ich – zwei Geister, doch in einem Leibe.
Und wenn du mich siehst, hast du Ihn gesehen,
Und wenn du Ihn siehst, siehst du uns beide."

Von Al-Halladsch stammt das berühmteste aller Gleichnisse für die Vereinigung der Seele mit Gott. Es erzählt im Bild des Schmetterlings vom freiwilligen Opfertod des Mystikers. Wie sich der Schmetterling in die Flamme stürzt, so die liebende Seele in das Feuer der Liebe Gottes. Al-Halladsch sah in dem Kreuz einen Ort der Wandlung und das Tor zur endgültigen Vereinigung. Ein Augenzeuge berichtet: „Als man Halladsch brachte, um ihn zu kreuzigen, sah er das Holz und die Nägel. Da lachte er so sehr, dass seine Augen tränten." Dann soll er gesprochen haben:

„Tötet mich, o meine Freunde!
Denn im Tod nur ist mein Leben.
Ja, im Leben ist mir Tod nur,
Und im Sterben liegt mein Leben!
Wahrlich höchste Gnade ist es,
Selbst verlöschend zu entschweben,
Und als Schlechtestes erkenn ich,
Fest an diesem Leib zu kleben.“

Der gekreuzigte Esel

Im Jahre 1856 entdeckten Archäologen bei Ausgrabungsarbeiten auf dem Palatin in Rom die seltsame Darstellung
einer Kreuzigung. Sie zeigt die Rückenansicht eines gekreuzigten Mannes. Der Gekreuzigte trägt einen Eselskopf. Neben
ihm steht ein zweiter Mann. Er hat seine Arme erhoben, so als
bete er den Eselsköpfigen an.

Unter den Römern war die Verspottung der Christen und
Christinnen als Eselsanbeter weit verbreitet. Wer aus der Weite
des römischen Weltreiches in die Hauptstadt kam, dem ver-
kündete eine Inschrift, was man in Rom von den Anhängern
Jesu hielt. Da war zu lesen:

„Alexamenos betet zu seinem Gott“.

Ein gekreuzigter Gott – das war aus römischer Sicht eine
Torheit und Eselei! Eine absurde Vorstellung: Gott stirbt am
Kreuz! Eine widersinnige Umwertung der Werte!

Die neue Religion aus Kleinasien hatte in Windeseile über
Syrien, Kleinasien und Griechenland die Hauptstadt erreicht.
In Rom fanden die ersten Märtyrer den Tod am Kreuz. Petrus
und Paulus starben hier einen gewaltsamen Tod. Der Kon-

vertit Paulus kannte also genau die antichristliche Stimmung im Reich, als er in seinem ersten Brief an die Gemeinde von Korinth (1. Korintherbrief 1,18–24) die später berühmt gewordenen Worte schrieb:

„Das Wort vom Kreuz
ist eine Torheit denen, die verloren werden;
uns aber, die wir selig werden, ist's eine Gotteskraft.
Denn die Juden fordern Zeichen,
und die Griechen fragen nach Weisheit,
wir aber predigen den gekreuzigten Christus,
den Juden ein Ärgernis und den Griechen eine Torheit;
denen aber, die berufen sind, Juden und Griechen,
predigen wir Christus als Gottes Kraft und Gottes Weisheit."

Das Kreuz diente der Hinrichtung. Es konnte ein Pfahl oder ein T-förmiger Galgen sein. Die Opfer wurden aufgespießt, an den Galgen genagelt oder gebunden. Das Pfählen war zu allen Zeiten ein grausames Zeichen der Tyrannei. Vlad Dracul, das historische Vorbild des Blutsaugers Dracula, schüchterte mit Hilfe des Pfählens seine Gegner ein. Deshalb trug er auch den Beinamen „der Pfähler". Die Todesstrafe der Kreuzigung wurde seit der Regierungszeit des persischen Königs Dareios I. im großen Stil durchgeführt. Über die Phönizier gelangte die Kreuzigung in den gesamten Mittelmeerraum. Unter den Römern bekam diese Hinrichtungsart den Namen Kreuz – crux.

Seit 200 vor Christus war die Verurteilung zur Kreuzigung („damnatio in crucem") die höchste Strafe („summum supplicium"). Sie wurde bei Mord, Brandstiftung, Raub, Fahnenflucht, Hochverrat, Anstiftung zum Aufruhr und bei Majestätsbeleidigung verhängt. Als der Sklavenführer Spartacus einen Aufstand wagte, wurden seine Anhänger von der römischen Obrigkeit an Kreuze genagelt. Über 6000 Kreuze säumten die Via Appia zwischen Rom und Capua.

Der Feldherr Publius Quinctilius Varus schlug einen jüdischen Aufstand nieder, indem er 2000 Rebellen längs der Straße nach Jerusalem kreuzigen ließ. Als Kaiser Titus im Jahr 70 die Stadt Jerusalem belagerte, ließ er alle Juden, die außerhalb der Stadtmauern nach Nahrungsmitteln suchten, kreuzigen:

„Der Hauptgrund aber, weshalb er die Hinrichtung der Gefangenen zuließ, war die Hoffnung, der Anblick werde die Belagerten zum Nachgeben bewegen, da sie ein gleiches Schicksal zu gewärtigen hatten, wenn sie sich nicht ergaben. Die Soldaten nagelten in ihrer Erbitterung die Gefangenen zum Hohn in den verschiedensten Körperlagen an, und da ihrer so viele waren, fehlte es bald an Raum für die Kreuze und an Kreuzen für die Leiber."

Jerusalem wurde erobert und der Tempel bis auf die Klagemauer zerstört. Über eine Million Juden fanden den gewaltsamen Tod.

Nach der Bestrafung durch Feuertod („crematio") oder Enthauptung („decollatio") bildete die damnatio in crucem eine nicht mehr überbietbare Steigerung der Brutalität. So sagt Marcus Tullius Cicero in seiner berühmten Verteidigungsrede für Rabirius auf dem Forum Romanum:

„Wenn zuletzt der Tod angedroht wird, wollen wir wenigstens in Freiheit sterben. Aber Henker, Verhüllung des Hauptes und das bloße Wort Kreuz sollen ferne bleiben vom Leib der römischen Bürger, von ihren Gedanken, ihrem Auge, ihrem Ohr. Denn alle diese Dinge sind eines römischen Bürgers und freien Menschen unwürdig: nicht nur, dass es sie gibt und dass sie erlitten werden, sondern dass sie zulässig sind, dass man sie erwartet, ja schließlich, dass sie erwähnt werden."

Mystik des Kreuzes

Die ursprüngliche Form des Kreuzes, an dem Jesu starb, war nicht das heute weit verbreitete Symbol mit der sich kreuzenden horizontalen und vertikalen Linie. Das Kreuz Jesu hatte wahrscheinlich die Form des Buchstabens T. Im Griechischen heißt dieser Buchstabe Tau. Daher wird das Kreuz auch Tau-Kreuz oder einfach Tau genannt. Es ist gleichfalls unter dem Namen Antoniuskreuz verbreitet.

Der Heilige Antonius zog sich in die ägyptische Wüste zurück und wurde dort von den Dämonen angegriffen. Er wählte das Tau zu seinem Zeichen. Nach diesem Heiligen benannte sich wiederum der Antoniterorden. Die Antoniter widmeten sich im Mittelalter der Betreuung von Kranken, besonders jener, die sich durch den Verzehr des Mutterkornes eine Vergiftung zugezogen hatten. Das Mutterkorn ist ein Pilz, der zwischen den Kornähren wächst und beim Verzehr eine halluzinogene Wirkung – dem LSD ähnlich – zur Folge hat. Matthias Grünewald malte seinen berühmten Isenheimer Altar für das Krankenhaus der Antoniter in Isenheim. Heute steht er im Museum der elsässischen Stadt Colmar. Die Antoniter finanzierten ihre diakonische Arbeit durch Schweinezucht. Sie durften ihre Schweine frei in den Wäldern laufen und nach Nahrung suchen lassen. Damit jedermann die Antoniusschweine erkennen konnte, trugen sie als Brandzeichen das Tau. Nach diesen Schweinen wird der Heilige Antonius noch heute in der Schweiz der „Sau-Toni" („Süli-Toni") genannt.

Auf Golgatha standen nach dem Bericht des Lukas drei Holzkreuze. Auch sie hatten die Form des Buchstabens T. Die zur Kreuzigung („Anastaurosis") Verurteilten hatten in der Regel den Querbalken – das Patibulum – selbst bis zur Stätte der Vollstreckung des Urteils zu schleppen. Dort wurde es in den bereits aufgerichteten Pfahl gesenkt. Jesus war durch die Folter so geschwächt, dass er sein Patibulum nicht mehr hatte tragen können. Simon von Kyrene nahm ihm die Last ab. Oben auf dem Hügel wurde er zwischen zwei Verbrechern gekreuzigt. Zuerst wurden seine Unterarme an das Patibulum geschlagen, dann wurde das Querholz mit seinem Leib am Stamm hochgezogen und in den Pfahl versenkt. Oberhalb des Querbalkens ließ Pilatus eine Tafel anbringen. Auf ihr stand in den drei Sprachen Hebräisch, Latein und Griechisch geschrieben:

„Dies ist der Juden König."

Das Volk und die Oberen spotteten: Wenn er der König der Juden sei, dann solle er sich selbst helfen. Anderen habe er durch Wunder geholfen. Wenn er der Messias sei, dann solle er ein Wunder vollbringen. Jetzt war die Stunde des Ärgernisses und der spirituellen Verdunkelung. Das Kreuz gewährte keinen Durchblick. Später ging manchem unter den Spöttern ein Licht auf: Hatte nicht der Prophet Jesaja von der Ankunft des Gesalbten Gottes geschrieben (Jesaja 53,4–6):

„Fürwahr, er trug unsere Krankheit und lud auf sich unsere Schmerzen. Wir aber hielten ihn für den, der geplagt und von Gott geschlagen und gemartert wäre. Aber er ist um unserer Missetat willen verwundet und um unserer Sünde willen zerschlagen. Die Strafe liegt auf ihm, auf dass wir Frieden hätten, und durch seine Wunden sind wir geheilt. Wir gingen alle in die Irre wie Schafe, ein jeglicher sah auf seinen Weg; aber der Herr warf unser aller Sünde auf ihn."

Das mystische Tau ist älter als das Christentum. Es gilt als ein uraltes Schutzzeichen, das jedem Menschen unsichtbar auf die Stirn geschrieben steht. Es wird gebildet durch die horizontale Linie der Augenbrauen und die vertikale Linie der Nase. Das Tau ist somit ein Stirnzeichen. Im Hebräischen ist das T („Taw") der letzte Buchstabe des Alphabeths. Der Buchstabe Tau wird aus einem Grundstrich und einem darüber gelegten Querstrich gebildet. Der Grundstrich erinnert an den Buchstaben Iota („i"), der Querstrich an die Keraia, das „Tüpfelchen" auf dem Buchstaben I, von dem Jesus spricht:

„Bis Himmel und Erde vergehen, wird nicht vergehen der kleinste Buchstabe (das Iota) noch ein Tüpfelchen (die Keraia) von dem Gesetz."
Matthäus 5,18

Dieser Schreibweise des Tau ging eine ältere voraus. Ursprünglich wurde das Tau nämlich in der Form eines Kreuzzeichens (x oder +) geschrieben. Schon bei den alten Propheten galt das Tau als magisches Siegel und Schutzzeichen für die Verfolgten und Unterdrückten. Wer das geheime Tau auf der Stirn trug, der wurde errettet. So erhielt der Prophet Hesekiel (Ezechiel) den Auftrag:

„Geh durch die Stadt Jerusalem
und zeichne mit einem Tau an der Stirn die Leute,
die da seufzen und jammern über alle Greuel,
die darin geschehen."
Hesekiel 9,4

Und:

„Aber die das Tau an sich haben,
von denen sollt ihr keinen anrühren."
Hesekiel 9,6

Zeichne das Tau auf die Stirn! Wie haben wir uns diesen Vorgang vorzustellen? War es ein unsichtbares Kreuz? Wurde es mit einem Kohlestift gezogen? Wir wissen es nicht. Wahrscheinlich war das mystische Tau eine Tätowierung. Ein Schutzzeichen, das niemand mehr auslöschen konnte, so wie in späteren Zeiten das Kreuztattoo auf den Unterarmen der Jerusalempilger.

Das Schutzzeichen Tau taucht immer wieder in Zeiten der Gefahr auf. So fehlt es auch nicht in dem letzten Buch der Bibel, der Offenbarung des Johannes mit ihren gewaltigen Visionen von der Apokalypse und dem neuen Himmel und der neuen Erde. In der Offenbarung des Johannes werden die vier Engel der Winde ermahnt, mit ihrem Werk der Zerstörung so lange zu warten, bis die Erwählten durch das Stirnzeichen geschützt worden sind:

„Und ich sah einen anderen Engel aufsteigen vom Aufgang der Sonne her, der hatte das Siegel des lebendigen Gottes und rief mit großer Stimme zu den vier Engeln, denen Macht gegeben war, der Erde und dem Meer Schaden zu tun: ‚Tut der Erde und dem Meer und den Bäumen keinen Schaden, bis wir versiegeln die Knechte unseres Gottes an ihren Stirnen.‘"
Apokalypse 7,2f.

Auch der Heilige Franz verwendete das Tau als Schutzzeichen. Er zeichnete es an Bäume, Fenster und Wände, er segnete die Menschen mit dem Tau und unterschrieb mit dem Tau seine Briefe. Es war für ihn das Zeichen der Errettung am Ende der Zeiten und der Erwählung – auch seiner eigenen: Unmittelbar nach seiner Stigmatisierung dichtete Franz einen Lobgesang. Er gab ihm Bruder Leo, der unter starken Depressionen litt. Auf der Rückseite des Schriftstückes fertigte Franz eine

Zeichnung. Sie zeigt einen unter einem Erdhügel beerdigten bärtigen Kopf mit Kapuze. Aus dem Mund wächst ein großes Tau heraus, das durch den Namen des Bruders Leo im Text des Segens hindurchgeht. Das Schriftstück war eine Art Passierschein für den Himmel. Es sollte Bruder Leo die Angst vor dem Gericht Gottes nehmen. Mit dieser Zeichnung aber hatte sich der Heilige Franz selbst dargestellt. Tau ist der neue Baum des Lebens und Franz selbst der zweite Christus.

Die Kirchenväter und -mütter sahen in dem Buchstaben T auch einen geheimen Hinweis auf den Mastbaum eines Schiffes, an dem die Segel aufgezogen werden konnten. Das Kreuz Christi, so lehrten sie, war das Segel, mit dem das Schiff der Kirche durch den Ozean der Zeit fuhr.

Letzte Worte

Wohl keiner der Augenzeugen hatte eine symbolische Deutung des Kreuzes vor Augen. Die Kreuzigung war schlichtweg unerträglich, auch für die weinenden Jüngerinnen. Sie sahen kein Licht hinter dem Kreuz, sie hatten keinen Durchblick auf einen neuen Morgen, sie dachten nicht an Sühnopfer und Erlösung – sie schauten nur das Grauen auf Golgatha. Jesus hatte die Versuchung in der Wüste und auch die zweite im Garten Gethsemane überstanden. Ein Engel war vom Himmel gekommen, um ihn auf seinem letzten Weg zu stärken. Vielleicht wusste er den Engel auch in dieser Stunde an seiner Seite, vielleicht gab er ihm die Kraft zu bitten: „Vater, vergib ihnen; denn sie wissen nicht, was sie tun!" (Lukas 23,34)

In der Tat, sie wussten nicht, was hier wirklich geschah. Sie sahen nur, was vor ihren Augen lag. Auch der Verbrecher zur Linken Jesu spottete: „Bist du nicht der Christus? Hilf dir selbst und uns!" Der zur Rechten aber wies ihn zurecht. Auch er war in seinem Leben ein übler Bursche gewesen. Nun aber schaute er die Wahrheit und erkannte die Berufung Jesu. Er schaute mit den Augen des Herzens, und er sah Licht hinter dem Kreuz, Glanz der Vollendung aus einer anderen Welt, in die Jesus voranschritt. Hoffnung dämmerte in seiner Seele, dass auch er ihm vielleicht nachfolgen könnte. Deshalb sagte er zu ihm:

„Jesus, gedenke an mich, wenn du in dein Reich kommst!"

Jesus antwortete ihm:

„Wahrlich, ich sage dir: Heute wirst du mit mir im Paradies sein."

Es war genau zwölf Uhr mittags. Kaum hatte er diese Worte gesprochen, da zerriss der Vorhang im Tempel und eine Sonnenfinsternis hüllte die Schädelstätte in Dunkelheit. Drei Stunden dauerte die Finsternis, dann starb Jesus an einem Freitag um 15.00 Uhr unserer Zeitrechnung. Laut soll er gerufen haben:

„Vater, ich befehle meinen Geist in deine Hände!"
Lukas 23,46

Da hatte auch der Hauptmann unter dem Kreuz ein Schlüsselerlebnis und pries Gott:

„Wahrlich, dieser ist Gottes Sohn gewesen!"
Matthäus 27,54

Wie will man in Worte fassen, was sich in Jesus wirklich abspielte, als er am Kreuz hing? War er so von Gottvertrauen durchdrungen, dass er die Nägel in seinem Fleisch und die Wunde von dem Lanzenstich zwischen seinen Rippen nicht spürte? Wer kann die Seelenpein der Jüngerinnen beschreiben, die aus der Ferne dem grauenhaften Schauspiel ohnmächtig zuschauen mussten? Wer kann den Schmerz nachempfinden, der sich wie ein Schwert in das Herz der Mutter senkte?

„Mein Sohn, warum hast du uns das angetan?" (Lukas 2,48), hatte sie ihn gefragt, als er im Alter von zwölf Jahren im Tempel seine Berufung entdeckt hatte. Jetzt dachte sie gewiss an die Prophezeiung des alten Simeon zurück: „Und auch durch deine Seele wird ein Schwert dringen." (Lukas 2,35)

Das „Stabat mater" der franziskanischen Kreuzesmystik, die Musik Pergolesis, Paul Gerhardts Passionslied „O Haupt voll Blut und Wunden", Bachs „Matthäuspassion" und der Isenheimer Altar des Matthias Grünewald haben diese Stunden des Leidens und der Erschütterung nachempfunden.

Letzte Worte haben ein besonderes Gewicht. Doch welches Wort war sein letztes? Stand am Ende überhaupt das Wort oder herrschte Schweigen und Verstummen? Nach dem Bericht des Evangelisten Lukas starb Jesus in der Gewissheit, direkt nach seinem Tode ins Paradies einzutreten. Ebenso souverän stirbt er auch nach dem Bericht des Johannes mit den Worten: „Es ist vollbracht!" (Johannes 19,30)

Dieser Evangelist überliefert eine weitere bewegende Szene unter dem Kreuz. Dort hätten Johannes, der Lieblingsjünger Jesu, und Maria gestanden. Jesus habe seine Mutter dazu aufgefordert, Johannes als Sohnersatz zu adoptieren. Was aber berichten Matthäus und Markus von dieser Todesstunde Jesu? Wenn wir die Texte aufschlagen, dann stehen wir zuerst einmal vor einem großen Rätsel. Denn beide überliefern als letztes Wort Jesu den verzweifelten Ausruf: „Mein Gott, mein Gott, warum hast du mich verlassen?" (Matthäus 27,46;

Markus 15,34) Beide notieren zudem den Originalton: „Eli, Eli, lama asabthani?"

Was hatte Jesus nun wirklich gesagt? War alles vollbracht? Glaubte er, seiner Berufung treu geblieben zu sein und sein Werk vollendet zu haben? Oder fühlte er sich am Ende von Gott verlassen? War seine Sterbestunde der Moment der Gewissheit oder bildete sie nach den Anfechtungen in der Wüste und im Garten Gethsemane die dritte und härteste Versuchung? Brach er unter dieser Versuchung zusammen?

Wahrscheinlich war seine Seele in jenen Stunden von beiden Tiefenerfahrungen durchdrungen. Er glaubte sich Gott so nah wie nie zuvor und hatte zugleich Angst vor der großen Nacht der Gottesferne. Gott hatte sich ihm offenbart und sich zugleich vor ihm verborgen. Wer konnte sein Geheimnis ergründen? So blieb bei aller Offenbarung am Ende doch Gottes Geheimnis verhüllt. Gott war fern und doch so nah.

Offenbar gibt es vor dem Kreuz keinen objektiven Standpunkt eines neutralen Beobachters, wie Joseph Beuys, der Künstler der „Stuttgarter Kreuzigung" (1962), sagt:

„Der Mensch muss diesen Vorgang der Kreuzigung,
der vollen Inkarnation in die Stoffeswelt durch den Materialismus hindurch,
selbst auch erleiden.
Er muss selbst sterben,
er muss völlig verlassen sein von Gott,
wie Christus damals vom Vater in diesem Mysterium verlassen war.
Erst wenn nichts mehr ist,
entdeckt der Mensch in der Ich-Erkenntnis die christliche Substanz
und nimmt sie ganz real wahr."

Der Kreuzweg

Der Kreuzweg markiert Stufen der spirituellen Annäherung auf dem Weg zur Mitte. Das Kreuz gibt sein Geheimnis schrittweise preis. Die letzte Erkenntnis ist nicht mehr von dieser Welt.

Der Kreuzweg – das war ursprünglich ein Ritual der Jerusalempilger. Sie reisten aus Spanien, Frankreich, Italien und anderen Ländern der alten Welt in das Morgenland, um sich in der Heiligen Stadt in das Leiden Jesu zu versenken. Betend pilgerten sie vom Haus des Pilatus bis nach Golgatha und vollzogen somit die einzelnen Stationen des Kreuzweges nach.

Golgatha ist immer und überall. Es wiederholt sich durch die Jahrhunderte. Was einst geschah, geschieht immer wieder. Durch das Ritual des Kreuzweges wird das einmalige Geschehen der Vergangenheit wiederholbar. Jesu Weg auf die Schädelstätte wird lebendige Gegenwart. Wenn der Weg ans Kreuz aber nicht nur zu jeder Zeit, sondern auch an jedem Ort der Welt möglich war: Warum dann überhaupt in den Orient pilgern?

Man muss nicht nach Jerusalem reisen, um Jesus nahe zu sein. So wurden seit dem 14. Jahrhundert überall in Europa Kreuzwegstationen nachgebildet. Zuerst auf den Hügeln und Bergen, später in den Kirchen. Sie galten auch als geistliche Wallfahrten nach Palästina. Zuerst waren sieben Stationen üblich. Im 16. Jahrhundert setzen sich 14 Stationen durch. Um 1700 begann man in den katholischen Kirchen Kreuzwegstationen zu errichten. Die einzelnen Stationen werden durch ein Bild oder eine Plastik gekennzeichnet Sie haben folgende Themen:

1. Jesus wird durch Pilatus zum Tode am Kreuz verurteilt.
2. Er nimmt das Kreuz auf sich und begibt sich auf den Weg nach Golgatha.
3. Unter der Last des Kreuzes stürzt er zum ersten Mal.
4. Er begegnet seiner Mutter Maria.
5. Simon von Kyrene hilft Jesus, das Kreuz zu tragen.
6. Veronika trocknet Jesus den Schweiß vom Gesicht. Auf dem Schweißtuch bildet sich auf wunderbare Weise das Antlitz Jesu ab.
7. Jesus bricht zum zweiten Mal unter der Last des Kreuzes zusammen.
8. Er tröstet die weinenden Frauen von Jerusalem.
9. Er stürzt zum dritten Mal.
10. Er wird seiner Kleider beraubt.
11. Er wird ans Kreuz geschlagen.
12. Er stirbt am Kreuz.
13. Er wird vom Kreuz genommen.
14. Er wird ins Grab gelegt.

Auf dem Weg nach Golgatha stürzt Jesus drei Mal. Mit dem dreifachen Zusammenbruch werden sein Tod und seine Grablegung dreifach vorweggenommen. Das Ritual wiederholt diese Erfahrungen. So endet jeder Kreuzweg mit einem mystischen Tod. Er nimmt auch den leiblichen Tod vorweg. Von Erde ist der Mensch genommen und zur Erde wird er zurückkehren.

Petrus und Judas: Der Erwählte und der Verfluchte

Wer war Judas? Ein Verführer oder der Verführte? Täter oder Opfer? Mystiker der Verschmelzung von Liebe und Tod? Handelte er frei oder vollstreckte er lediglich den Willen Gottes?

War seine Tat Ausdruck eines boshaften Verrates oder geheimnisvolles Instrument der Gnade?

Die Gestalt des Judas ist bereits in den biblischen Berichten schillernd. Niemand kann aufgrund der Charakterisierungen durch die Evangelisten Lukas, Matthäus und Johannes ein eindeutiges und widerspruchsfreies Bild von ihm gewinnen. Wie sollte dies auch möglich sein? Die Evangelien sind eine Annäherung an die Wahrheit. Sie sind keine Philosophie, sondern bringen etwas im letzten Unsagbares zum Klingen.

Am Anfang war die Liebe. Judas liebte Jesus mehr als alles andere auf der Welt. Ihm folgte er nach, für ihn wurde er ein Wanderer, für ihn gab er allen Besitz und sämtliche Bindungen auf und lebte wie die Vögel unter dem Himmel. Jesus liebte Judas mehr als andere Menschen, denen er vom Reich Gottes predigte. Viele waren berufen, Jünger und Jüngerinnen zu werden, aber nur wenige auserwählt, in den innersten Zirkel der Gruppe um Jesus zu treten. Judas gehörte zu der Männergruppe mit Führungsqualität, dem Fundament für den Kirchenbau. Sein vollständiger Name lautete Judas Iskariot, Sohn des Simon. In dem Zwölferkreis hatte er einen Namensvetter, den man zur Unterscheidung von dem Verräter Judas, Sohn des Jakobus, nannte.

Nach dem Evangelium des Lukas tritt der Bruch in der Beziehung zwischen Jesus und seinem Erwählten vor Antritt der Leidenszeit auf. In Erinnerung an die Befreiung aus dem Sklavenhaus Ägypten, an den Durchzug durch das Rote Meer und die Wüstenwanderung feierten die Juden einmal im Jahr das Fest der Ungesäuerten Brote (Pessachfest). Jesus wird mit seinem Führungskreis dieses Fest mitfeiern und dem Ritus eine neue Bedeutung geben. Aus Pessach wird die Feier der Auferstehung werden, aus der Erinnerung an die Erlösung aus ägyptischer Sklaverei das Fest der Erlösung von den Sünden.

Ohne Opfer keine Erlösung. Deshalb wird Jesus selbst das Opfer werden und Leib und Blut hingeben. Bei der Abendmahlfeier sollen sich die Jünger Jesu dessen erinnern, wenn sie Wein und Brot reichen. Vor dem letzten Abendmahl, das Jesus mit seinen zwölf Jüngern feiert, vor dieser geheimnisvollen Verschmelzung von Leben und Tod im Mysterium des Neuen Bundes hatte Judas bereits seinen Herrn an die Hohenpriester und Schriftgelehrten verraten. Die jüdische Obrigkeit, so will Lukas wissen, habe Jesus gefürchtet und deshalb nach seinem Tod getrachtet.

Jahrhundertelang sind die religiösen Führer zur Zeit Jesu als blutrünstig dargestellt worden. Ihnen wurde die Schuld am Tode Jesu zugesprochen. Das hat dem Antisemitismus und Antijudaismus einen Nährboden verschafft. Wer die Schuld am Tod Jesu auf jüdischer Seite sucht, der verurteilt sie zu Unrecht. Jesus wurde auch nicht das Opfer eines tragischen Justizirrtums oder seines politischen Engagements für die Armen. Immer wieder verteufeln Gottesdenker den Menschen, um Gott zu entlasten. Sie machen sich ein idealistisches Gottesbild, erklären Gott zum Prinzip Liebe und belasten Menschen mit der alleinigen Schuld am Bösen. Damit verkennen sie Gott. Wie bei dem frommen Gottesknecht Hiob steht auch das Leiden Jesu in einem rational nicht vollständig aufzuhellenden Zusammenhang mit dem Willen Gottes, in dessen Plänen Satan wieder eine Rolle spielt.

Warum hat Judas seinen Herrn verraten? Wer den Bericht des Lukas liest, erhält auf die Frage eine klare Antwort. Judas ist ein Opfer des Teufels geworden. In der Sprache der Religionen wird diese Entmachtung des Menschen, die ihn zum Ausführungsorgan eines fremden, bösen Willens degradiert, „Besessenheit" genannt. Judas war vom Satan besessen.

„Es fuhr aber der Satan in Judas, genannt Iskariot, der zur Zahl der Zwölf gehörte. Und er ging hin und redete mit den Hohenpriestern und mit den Hauptleuten darüber, wie er ihn an sie verraten könnte. Und sie wurden froh und versprachen, ihm Geld zu geben. Und er sagte es zu und suchte eine Gelegenheit, dass er ihn an sie verriete ohne Aufsehen".
Lukas 22,3–6

Die jüdische Obrigkeit wollte also Jesus, der öffentlich predigte und jederzeit festzunehmen war, heimlich verhaften, damit seine Gefangennahme keinen Skandal auslöste. Dazu brauchte sie die Mithilfe eines Informanten, der mit den Gewohnheiten des Nazareners vertraut war.

Zu diesem Plan der Geheimhaltung der Verhaftung will jedoch die später erfolgte öffentliche Kreuzigung nicht passen. Widersprüchlich scheint auch die zweifache Begründung des Verrates. Erst heißt es, Judas sei vom Satan verführt worden, dann berichtet Lukas von einem Geldangebot der Juden. Schon an dieser Stelle durchdringen sich die Motive. Der Verrat soll Werk des Teufels und zugleich Ausdruck der Geldgier gewesen sein. Aber ist dies glaubwürdig? Judas hatte ja, um Jesus nachzufolgen, allen Besitz aufgegeben. Gerade er, der nichts gab auf Reichtum und Schätze der Welt, er soll aus diesem niedrigen Motiv seinen Herrn verraten haben?

Andere spekulierten über Judas' persönliche Motive und vermuteten, er sei ein Zelot, ein jüdischer Widerstandskämpfer gegen die römische Besatzungsmacht gewesen, der von Jesus eine politische Befreiung Palästinas erwartet und sich nun enttäuscht von ihm zurückgezogen habe. Das alles sind hilflose Versuche einer Rationalisierung des Geheimnisses der Lebenshingabe Jesu, in die Judas verstrickt wird.

Der Tod Jesu war eine bei Gott beschlossene Sache. Ohne

Gottes Erlaubnis hätte Satan niemals Judas zum Verrat treiben können. Mit der Benennung dieses Hintergrundes der Passion ist die Schuldfrage noch nicht berührt. Der Teufel war in Judas gefahren. Ist also Satan der Schuldige? Welches Motiv sollte ausgerechnet er gehabt haben, Jesus in die Passion zu treiben? Er war Feind des Menschen, war wegen des Menschen aus dem Himmel gefallen. Jesu Opfertod sollte das Verhältnis zwischen Gott und den Menschen wieder heilen, die Sünde überwinden und einen neuen Menschen schaffen. Die Erlösung war ein Werk gegen die Macht Satans. Wenn Satan mit Hilfe von Judas den Gang der Passion vorantreibt, dann tut er dies gegen seine eigenen Interessen. Er handelte also wohl kaum freiwillig.

Wer ist also Schuld an der Passion? Lukas' Darstellung ist widersprüchlich, paradox, wie alle religiösen Antworten auf die Grundfragen des Lebens, Leidens und Sterbens. Die Vernunft der Philosophen kennt nur ein Entweder-oder. Entweder ist Gott selbst als Urheber allen Lebens schuld an der Passion oder der freie Mensch, der sich entschieden hat, die Stimme Satans zu seiner eigenen zu machen. Entweder gibt es die totale Vorherbestimmung des menschlichen Tuns oder die freie Entscheidung.

Lukas und die Theologen kennen kein Entweder-oder, sondern ein Sowohl-als-auch. Judas ist der Verführte und der Verführer. Er ist schuldlos schuldig. Sein Handeln ist frei und vorherbestimmt. Jesus selbst spricht dieses Paradox vor seinen zwölf Jüngern beim Abendmahl aus:

„Denn der Menschensohn geht zwar dahin, wie es beschlossen ist, doch weh dem Menschen, durch den er verraten wird!".
Lukas 22,22

Die Jünger sind entsetzt über diesen Ausspruch, wollen auch wissen, wer unter ihnen der Verräter ist. Jesus enthält sich einer klaren Antwort. Seine Andeutungen werden noch geheimnisvoller. Vor Petrus enthüllt er das Ergebnis eines Gespräches zwischen Gott und dem Teufel:

„Simon, Simon, siehe, der Satan hat begehrt, euch zu sieben wie den Weizen. Ich aber habe für dich gebetet, dass dein Glaube nicht aufhöre".
Lukas 22,31–32

Was sollen die Rätselworte bedeuten? Offenbar hatte es im Himmel Verhandlungen über den Ablauf der Passion und die Zeit danach gegeben. Satans Mithilfe beim Tod Jesu konnte nur als Strafe angesehen werden, weil hier der Teufel gegen seine eigenen Interessen handeln musste. Hatte es zwischen Gott und Teufel einen Handel gegeben? Etwa in der Art: Ich verführe Judas, damit er dein Erlösungswerk vorantreibt – Du gibst mir dafür seine Seele.

Davon ist nicht die Rede. Seit seinem Sturz aus dem höchsten Engelchor hatte der Teufel den Menschen nachgestellt. Nun sollte eine neue Epoche beginnen, die Zeit der Erlösung. Die besondere Aufmerksamkeit des Satans würde fortan den Menschen gelten, die sich als Christen bezeichneten. Der Teufel hatte es auf die christliche Kerngemeinde, den Jüngerkreis, abgesehen. Der Ankläger vermutete, dass sich viele schwankende Geister und spirituelle Leichtgewichte unter den Jüngern befänden. Er wollte nach dem Tod Jesu die Wahrheit ans Licht bringen. Gläubige von Scheingläubigen, den Weizen von der Spreu trennen. Die Zeit des Siebens hatte begonnen. Gott hatte Satan dazu die Vollmacht erteilt. Jesus dagegen hatte als Verteidiger der Menschen Gott gebeten, er möge ihre Glaubenskraft stärken, dass sie nicht zum Opfer des Teufels würden.

Petrus ist schier entsetzt über Jesu Enthüllungen. Wie könne Jesus nur annehmen, er würde jemals schwach im Glauben werden? Er sei bereit, mit Jesus ins Gefängnis und in den Tod zu gehen. Großspurige Worte eines Mannes, der bei der ersten Anfechtung umgeworfen wird. Jesus prophezeit ihm einen dreifachen Verrat. Im Garten Gethsemane erscheint Judas mit den Häschern und identifiziert Jesus mit einem Kuss. Nach der Gefangennahme Jesu wird Petrus als einer seiner Jünger erkannt. Wie vorhergesagt, verleugnet er dreimal seinen Herrn.

Petrus und Judas: Beide haben Jesus geliebt, beide haben ihn verraten. Der eine wird später in Rom der erste Papst, den anderen verdammt die Kirche Petri zur ewigen Feuerqual in der Hölle. Der eine hat die Macht, Menschen von Sünden zu lösen, der andere bleibt der ewig Unerlöste. Der eine ist erwählt, der andere verflucht. Auf dem Hof vor dem Haus des Hohenpriesters, wo Jesus gefangengehalten wurde, hatte Petrus gewartet, war identifiziert worden und hatte seinen Herrn verleugnet. Dann verließ er den Hof „und weinte bitterlich" (Lukas 22,62).

Von einer Versöhnung zwischen Petrus und Jesus ist nicht die Rede. Nach Jesu Auferstehung war Petrus plötzlich zum Oberhaupt der Jünger aufgestiegen, vom Verräter zum Führer geworden. Judas dagegen hatte sich von dem Geld, das er für den Verrat erhalten haben soll, einen Acker gekauft und verunglückte hier tödlich, sodass seine Eingeweide hervorquollen (Apostelgeschichte 1,18). Dieses Ende ist wenig glaubwürdig.

Was in aller Welt wollte ein ehemaliger Jünger Jesu mit einem Acker vor den Toren Jerusalems? Wein anbauen? Mit Grundstücken spekulieren? Wahrscheinlicher ist das Ende, von dem Matthäus berichtet. Dreißig Silberlinge soll Judas erhalten haben. Das ist eine symbolische Zahl, denn sie verweist auf Josef, den seine Brüder für zwanzig Silberlinge an arabische Sklavenhändler verkauft hatten, und sie ist eine Anspielung auf den geheimen Zusammenhang von Sterben, Tod und Auferstehung, dem auch das Leben Josefs, des Sohns Jakobs, folgt.

Bei Matthäus wird auch deutlich, dass Judas selbst nicht mit dem Tod Jesu gerechnet hatte und schon gar nichts von der göttlichen Vorherbestimmung seines Tuns wusste. Als er erfährt, dass Jesus zum Tode verurteilt worden ist, bereut er seine Tat. Er geht mit den dreißig Silberlingen zu den Hohenpriestern und Ältesten und will ihnen das Geld zurückgeben. Hoffte er, er könne Jesus wieder freikaufen, den Verrat rückgängig machen? Im Gegensatz zu Petrus gesteht er sogar öffentlich seine Schuld: „Ich habe Unrecht getan, dass ich unschuldiges Blut verraten habe." Die Priester lassen sich von den Gewissensproblemen des Mannes nicht beeindrucken: „Was geht uns das an? Da sieh du zu!" (Matthäus 27,4). Auch die Kirche wird später diese öffentliche Beichte in ihrem erbarmungslosen Urteil über Judas nicht berücksichtigen. Judas fällt durch die Maschen des Gnadennetzes in den Abgrund der Hölle.

Einen Grund für Judas' ewige Verdammnis sah die Kirche in dem Selbstmord. Nachdem Judas seinen Herrn nicht auslösen konnte, warf er „die Silberlinge in den Tempel, ging fort und erhängte sich" (Matthäus 27,5). Selbstmord galt später als Todsünde. Dass Judas keinen Ausweg mehr sah, wurde ihm nicht verziehen. Niemand hatte Mitleid mit dem Mann, der seine Schuld nicht mehr ertragen konnte und seinem Herrn in den Tod nachfolgte. Judas hatte Jesus geliebt. Er hatte ihn verraten. Vielleicht aus enttäuschter Liebe. Jesu Tod aber hatte er nach dem Bericht des Matthäus nicht gewollt. Auch die Priester wollten mit dem Blutgeld nichts zu tun haben. Für sakrale Zwecke war es nicht mehr zu gebrauchen. So kauften sie davon einen Acker zum Begräbnis für Nichtjuden vor den Toren Jerusalems.

Bei Matthäus tritt die menschliche Seite des Judas in seiner Verzweiflung am stärksten hervor. Lukas weiß Judas als schuldlos schuldiges Instrument in der Hand Satans. Er ist das Bauernopfer der Erlösung, erwählt zum Verrat und nach dem Abschluss des Erlösungswerkes niedergestreckt durch ein Gottesurteil auf dem Blutacker Hakeldamach.

Johannes überbietet die Vorstellung von der absoluten Vorherbestimmung des Verrates. Nach einer langen Predigt vor einer großen Jüngerschar spricht Jesus im Johannesevangelium deutliche Worte über den wirklichen Glauben derjenigen, die vorgeben, ihm treu ergeben zu sein. Niemand solle ihm oder sich selbst etwas vormachen. Der Herr kenne die Herzen der Menschen. „Es gibt einige unter euch, die glauben nicht" (6,64a). Das sind die Wölfe unter den Schafen. Und nach den harten Worten Jesu verlassen sie die Herde. Zurück bleibt der harte Kern, unter ihnen Judas. „Jesus wusste von Anfang an, wer die waren, die nicht glaubten, und wer ihn verraten würde" (6,64b). Jesus wusste folglich auch, dass in dem Zwölferkreis ein Verräter verborgen war. Den Jüngern gegenüber spricht er es offen aus: „Einer von euch ist ein Teufel" (6,70b).

Wusste Judas zu diesem Zeitpunkt, dass er Jesus verraten würde? Hatte er sich bewusst mit der Absicht des Verrates in den Kreis geschlichen? Wohl kaum. Jesus hatte ihn wie alle anderen Jünger berufen. „Habe ich nicht euch, die Zwölf, erwählt?" (6,70a). Es gibt hier keinen Zweifel und keine Deutelei: Der Verräter Judas hatte sich nicht heimtückisch an Jesus herangeschlichen. Als Jesus der großen Masse Unglauben vorwarf und sich von da an viele ehemalige Jünger von ihm abwandten, war Judas nicht darunter. Er hatte keine Zweifel. Er liebte seinen Herrn, und er wusste nicht, dass er der Verräter sein würde.

Niemand hat jemals die Frage gestellt, wie Gott es zulassen konnte, dass Judas zum Verräter wurde. Unter allen Denunziationen und Halbwahrheiten, die über Judas gehäuft wurden, sind sein wahrer Charakter und seine Empfindungen kaum auszumachen. Auch Johannes unterstellt ihm Geldgier. Judas war im Zwölferkreis der Finanzexperte. Er verwaltete die gemeinsame Reisekasse der Jünger. Als Jesus in Betanien von Maria mit einem Pfund kostbaren Salböls von reiner Narde an den Füßen gesalbt wurde, erregte sich Judas über die Geldverschwendung. Man hätte das Öl für dreihundert Silbergroschen, also den Wert von zehn großen Äckern, verkaufen und das Geld den Armen geben können.

Johannes zerstört diesen sympathischen sozialen Charakterzug sofort mit dem Kommentar, Judas habe sich in Wahrheit überhaupt nicht um das Schicksal der Armen gekümmert, sondern er hätte als Verwalter des gemeinsamen Geldbeutels der Gruppe, aus dem auch die Almosen gespendet wurden, Geld in die eigene Tasche gewirtschaftet: „Er war ein Dieb, denn er hatte den Geldbeutel und nahm an sich, was gegeben war" (Johannes 12,6). Judas wird hier das Klischee vom geldgierigen Juden angeheftet. Es bleibt für die kommenden Ereignisse jedoch ohne Bedeutung.

Der Verrat ist Sache des Teufels. In zwei Angriffen nimmt er Judas in Besitz. Zuerst ist Judas vom Teufel umsessen, dann besessen. Vor dem Pessachfest beim gemeinsamen Abendessen gab Satan Judas den Gedanken ins Herz, Jesus zu verraten. Auch bei Johannes weist Jesus darauf hin, dass unter den Zwölfen ein Verräter sei. Die Jünger blicken sich gegenseitig an und sind entsetzt. Wer von ihnen könnte es ein? Niemand wagt, den Herrn direkt zu fragen. In der Zwölfergruppe gibt es nur einen, der dies wagen könnte. Es ist der Lieblingsjünger Johannes. Bei Tisch liegt er an der Brust Jesu, ein Bild zärtlicher Männerfreundschaft und geistlicher Nähe.

Petrus bittet Johannes, er möge nachfragen, wer unter ihnen der Verräter sei. Johannes kuschelt sich an Jesu Brust und fragt: „Herr, wer ist's?" Jesus flüstert Johannes die Antwort ins Ohr. Die übrigen Jünger erfahren also den Namen nicht. „Der ist's, dem ich den Bissen eintauche und gebe." Es ist nicht überliefert, was die Jünger damals gemeinsam gegessen haben. Der dem Jünger überreichte Bissen gilt als Zeichen besonderer Zuwendung des Meisters, als ein Liebesdienst. Niemand merkt auf, als Jesus Judas den Bissen reicht.

Sollte es eine Trübung ihres Verhältnisses gegeben haben, so war sie äußerlich nicht bemerkbar. Entscheidend ist, was mit der Übergabe des Bissens unsichtbar geschieht. Auch Johannes weiß nicht, was hier eigentlich gespielt wird. Als Judas „den Bissen nahm, fuhr der Satan in ihn". Aus der Umsessenheit ist eine Besessenheit geworden. Eine Transsubstantiation des Bösen hat sich ereignet, ein diabolisches Gegenstück zum Abendmahl. Jesus wusste, was geschehen würde. Er fordert Judas auf: „Was du tust, das tue bald!" (Johannes 13,27). Keiner der Jünger versteht, was gemeint ist. Judas steht auf und verlässt den Raum. Die anderen denken, Jesus habe ihn zum Einkauf von Festzutaten für das Pessachfest geschickt.

Der wahre Judas liegt unter den drei Charakteren, die Johannes, Lukas und Matthäus von ihm zeichnen, verborgen. Rivalitätskräfte und Streit um die Rangordnung hatte es unter den Jüngern bereits zu Jesu Lebzeiten gegeben. Vielleicht war Judas, und nicht Johannes, der Lieblingsjünger Jesu. Er war zuverlässig, sonst hätte ihm Jesus nicht die Reisekasse anvertraut; er war voller Fürsorge für die Armen. Warum fuhr der Satan in ihn und nicht in einen anderen der Zwölf? Denkbar ist, dass er, den die Jünger verwerfen, der Erwählte gewesen war. Und genau diese Erwählung stieß bei den Jüngern auf völliges Unverständnis. Judas stellte sich in den Dienst des Erlösungswerkes, das so unbegreiflich war, dass selbst die Jünger die Notwendigkeit des Todes am Kreuz nicht verstanden. Sie flohen und verleugneten ihren Herrn, sie standen nicht unter dem Kreuz und glaubten den Frauen nicht, als sie von der Auferstehung berichteten. Sie waren Zweifler. Einer musste Jesus an die Obrigkeit ausliefern, und es konnte nur ein zuverlässiger Jünger sein, der mehr von dem Geheimnis des Kreuzes begriff als alle anderen.

Vielleicht war Judas ein Liebesmystiker, der glaubte, dass Gott auch in der Nacht der Gottesferne zu finden ist. Dann hätte er letztlich einen Liebesdienst ausgeführt, weil er mit Jesus den Zusammenhang von Liebe, Opfer und Versöhnung begriffen hatte. Sollte tatsächlich zwischen Jesus und Judas dieses tiefe Einverständnis geherrscht haben, dann erhält auch die letzte Begegnung im Garten Gethsemane eine hintergründige Bedeutung. Judas war mit den Soldaten in den Garten gekommen und hatte Jesus mit einem Kuss identifiziert. Warum wählte er den Kuss als Erkennungszeichen? Er hätte den Häschern ebensogut ins Ohr flüstern können, wer unter den Männern Jesus war, oder er hätte mit dem Finger auf ihn weisen können. Der Kuss ist ein Zeichen der Liebe und eine Abschiedsgeste. In der Mystik gilt der Kuss als Hinweis auf die Vereinigung von Gott und Mensch. Wenn dies der Sinn des Kusses zwischen Jesus und Judas gewesen war, dann hatte ihn niemand verstanden.

Die Kirche folgt dem Urteil der Jünger. Judas verbannt sie auf den untersten Grund der Hölle, wo er ohne Hoffnung auf Erlösung in alle Ewigkeit leiden soll. Doch gab es innerhalb der Kirche immer wieder Stimmen, die den „Fall Judas" anders beurteilten, allerdings ohne sich gegen die offizielle Lehrmeinung durchsetzen zu können. Zu ihnen gehört die Reiseerzählung des irischen Mönches Brandan (484–576).

Brandan, der Seefahrer und Geistliche, stammte aus der Grafschaft Kerry im Südwesten Irlands. Der Heilige hatte viele Klöster in Kerry, Clare und Galway sowie auf den Inseln des Shannon gegründet. Clonfert (Clúain-ferta) war das größte und zählte zeitweilig 3000 Mönche. Irland lag weit entfernt von Rom, und die offene See blies frischen Wind in geistliche Gelehrtenstuben. Brandan war auch als Seefahrer wagemutig. Er segelte mit ausgewählten Mönchen bis an die Ränder der bekannten Welt, in jene Zonen, wo Geographie und Mythologie ineinander verschmolzen.

Auf offenem Meer entdecken sie eine kleine felsige Insel, gerade so groß, dass eine Person darauf sitzen kann. Der Mann, dem sie hier begegnen, leidet eine unsägliche Pein. Sein Leib ist schwarz von Pech und Harz, das ihn glühend umhüllt. Die Flammen haben ihm große Löcher in den Körper gefressen. Vor den Augen hängt zur Linderung der Schmerzen ein kleines Tüchlein und vom Himmel fällt kühlender Hagel auf ihn. Brandan erkundigt sich nach dem Schicksal und der Herkunft des Gepeinigten und erfährt, der Gequälte komme aus der Hölle. An jedem Samstagabend erhalte er bis Sonntagmittag einen halben Tag Höllenurlaub. Dann führten ihn die Teufel wieder zurück in großes, unsägliches Leid.

Brandan kann sich nicht vorstellen, dass ein noch größeres Leiden möglich sei, als es dem Mann bereits jetzt zugefügt wird. Da unten in der Hölle, erklärt der Mann, werfen ihn die Teufel in waberndes Pech. Da ist die Hitze so groß, dass ein stählerner Berg darin schmelzen würde. Der Heilige erkundigt sich nach dem Namen des Gefolterten und dieser antwortet: „Ich bin der arme Judas." Brandan kann den Anblick nicht ertragen. Voller Mitleid fragt er Judas, ob ihm nicht geholfen werden könne. Immerhin sei es Lehre der Kirche, dass Christen und besonders die Heiligen durch ihre Fürbitten Gottes besondere Gnade für die Sünder erwirken können. Er und seine Mönche seien bereit, mit allem Eifer für das Seelenheil des Gemarterten zu beten. Judas erwidert:

„Alles Bitten für mich ist gar verloren, denn Gott will sich nimmermehr meiner erbarmen."

So lehrt es auch die römische Kirche. Der Ire Brandan beugt sich ihrer Lehrmeinung nicht. Die ganze Nacht harrt er neben Judas aus und leidet mit ihm bis Sonntagmittag. Dann kommt die Stunde der Teufel. Judas schreit so jämmerlich, dass es einen Stein erbarmen könnte: „Oh weh, ach und weh, muss ich aber in die große, unsägliche Pein!" Sein Fall ist aussichtslos, an seinem Schicksal gibt es nichts zu ändern. Alle glauben das, auch Judas selbst. Gottes Erbarmen mag vielen Sündern gelten, nicht aber dem einstigen Jünger Jesu. Brandan ist da anderer Meinung. Er hat eine andere Vorstellung von Gott. Deshalb schaut er nicht resigniert zu, wie Judas vor Angst zittert.

Wer damals eine Reise unternahm, der führte Reliquien, Überreste von Heiligen mit sich. Unter ihrem Beistand konnte man sich sicherer fühlen. Brandan lässt den ganzen Reliquienschatz an Deck holen zur Unterstützung des Gebetskampfes gegen die Teufel, den er und seine Mönche jetzt aufnehmen. Da brausen die Höllendiener in einem großen Feuergewitter heran, dass es scheint, als brennten Meer und Luft. Die Teufel umschweifen das Schiff, spucken Feuer, Rauch, Pech und Schwefel aus ihren Mäulern. Ein Bruder will verzagen, doch Brandan lässt sich nicht von den Angriffen der Teufel irritieren, auch dann nicht, als sie brennende Schwefelstücke ins

Meer fallenlassen. Er bittet Gott, dass er Judas noch eine weitere Nacht Höllenurlaub gewähre. Was niemand für möglich hielt, geschieht. Gott schenkt Judas sein Erbarmen. Die Teufel jaulen auf und drohen Judas, sie werden ihn am nächsten Tag desto stärker peinigen. Doch auch hier weicht Brandan nicht zurück und verbietet den Teufeln im Namen Gottes, die Pein bei der Rückkehr zur Hölle zu steigern.

Warum hatte Brandan nicht gebeten, dass Gott dem Judas die Höllenqual gänzlich erspare? Wer so fragt, übersieht die Provokation der offiziellen kirchlichen Meinung, die darin lag, dass Brandan es erreicht hatte, Judas einen weiteren halben Tag der Befreiung von den Höllenqualen zu erwirken. Noch wichtiger war der Einbruch in das als unerschütterlich gerecht geltende Gottesbild, den Brandan vollzogen hatte. Gott ließ sich erbarmen. Andere hätten Brandans Reise an die Grenzen der Gnade folgen müssen, um mehr zu erreichen.

Im späten 19. Jahrhundert ist es eine Liebesmystikerin, die tiefere Vorstöße ins unbekannte Land des Erbarmens wagt. Thérèse Martin (1873–1897) war von dem Glauben an die Macht der Gnade durchdrungen und hoffte, wie einst der heilige irische Seefahrer, durch das Gebet die Sünder den ewigen Flammen entreißen zu können. Die vierzehnjährige Thérèse hört von einem grausamen Kriminalfall.

Pranzini lautete der Name des Mannes, der in der Nacht vom 16. auf den 17. März 1887 einen dreifachen Mord begangen hatte. Am 13. Juli wird er zum Tode verurteilt, am 31. August soll er hingerichtet werden. In der Presse wird ausführlich über Pranzini berichtet. Dort ist auch zu lesen, dass er seine Taten nicht bereut und jeden geistlichen Beistand, jedes Zeichen der Buße ablehnt. Nach katholischer Auffassung der Zeit war Pranzini damit Judas' Schicksal in der Hölle sicher. Anders denkt dagegen die kleine Mystikerin der Gottesliebe.

Im Gebet, so erinnert sie sich später, „sagte ich dem Lieben Gott, ich sei ganz sicher, dass er dem unglücklichen Pranzini verzeihen werde, dass ich dies sogar glauben würde, wenn dieser nicht beichtete und kein Zeichen der Reue gäbe, so großes Vertrauen hatte ich in die unendliche Barmherzigkeit Jesu".

Sie bitte Gott jedoch zu ihrem eigenen Trost um ein Zeichen der Reue. Thérèse will sicher gehen, dass sie sich nicht irrt, wenn sie auf die grenzenlose Liebe Christi setzt. Am Tag nach der Hinrichtung liest sie in der Zeitung, Pranzini habe ohne Absolution das Schafott bestiegen, dann „einer jähen Eingebung folgend" sich umgewendet und das Kruzifix, das ihm der Priester hinhielt, dreimal geküsst. Tränen schießen Thérèse in die Augen, und die Begierde, weitere Seelen zu retten, glüht in ihr. In einem Moment höchster Liebesmystik wird sie später einmal Christus bitten, er möge sie an den hintersten Ort der Hölle verbannen, damit auch dort in alle Ewigkeit sein Loblied gesungen werde.

5. *Anstoß:* Der Baum des Lebens

> „Sind wir da angekommen, müssen wir noch wei-
> ter vordringen, um den eigentlichen Mittelpunkt
> zu erreichen, der nicht mehr wir sind, sondern
> Gott ist. Dort ist der Meister."
> *Edzard Schaper.* Hinter den Linien

Kirchentag Berlin 1977

Ernst Käsemann hielt auf dem Deutschen Evangelischen Kir-
chentag in Berlin (1977) eine Bibelarbeit. Die große Halle war
überfüllt. Denn alle wussten, worum es ging. Käsemann kam
aus dem Ruhrgebiet. Nicht nur seine Stimme verriet, dass er
von 1933 bis 1946 „Bergmannspastor" unter den Kumpeln
in Gelsenkirchen gewesen war. Nun hatte er einen Lehrstuhl,
um den ihn sämtliche Neutestamentler im deutschsprachigen
Raum beneideten. In Tübingen hatte er einen Kommentar zum
Römerbrief geschrieben, der meinem Münsteraner Lehrer für
Neues Testament alle Bewunderung abnötigte. Wer so wie
Ernst Käsemann in die Geheimnisse des Kreuzes vorgedrun-
gen war, wer in der Sprache der Bergleute und der strengen
Wissenschaft reden konnte, von dem erwarteten die Teilneh-
menden des Kirchentages auch eine Antwort auf die Fragen
der Gegenwart. Im Jahr des Deutschen Herbstes war die Zeit
aus den Fugen geraten. Auch hatte man von Käsemanns Tochter Elisabeth (1947–1977) gehört. Sie hatte nicht nur die la-
teinamerikanische Befreiungstheologie studiert, sondern war
nach Argentinien gegangen, um mit den Rebellen gegen die
Militärdiktatur zu kämpfen. Seit einigen Wochen hatte Ernst
Käsemann keine Nachricht mehr von seiner Tochter erhalten.
Ihr Schicksal war ungewiss.

Nun trat der Vater auf die Bühne. Angeregt durch den großen Theologen Erik Peterson hatte Käsemann über den „Leib Christi" eine Doktorarbeit geschrieben. Der „Leib Christi" ist eine Metapher für die Kirche, und die „Kirche" saß nun in der großen Berliner Halle und wartete auf Käsemanns Bibelarbeit. Was er sagte, kann in den Protokollen nachgelesen werden. Es ist in meinem Gedächtnis verblasst gegenüber einer Erfahrung von Auferstehung. Bevor Ernst Käsemann seine Ansprache eröffnete, trat einer der Mitarbeitenden des Kirchentages ans Mikrophon und teilte in einem Satz und ohne Kommentar die Ermordung und Auffindung der geschändeten Leiche Elisabeths mit. Ohne Aufforderung erhob sich die Gemeinde und stimmte den österlichen Gesang an:

„Christ ist erstanden von der Marter alle.
Des soll'n wir alle froh sein,
Christ will unser Trost sein.
Kyrieleis."

Mit der Auferstehung rechneten sie nicht

Im Tod wurde Jesus verwandelt. Er blieb nicht im Grab. Auf allen Friedhöfen der christlichen Welt stehen Kreuze und bezeugen den Glauben an die Auferstehung: Einst werden alle Gräber leer sein, wie auch das Grab Christi leer gewesen war.

Als die Jüngerinnen am dritten Tag nach der Kreuzigung zum Grab Jesu gingen, kam ein Engel, gekleidet in ein Gewand so weiß wie Schnee, und wälzte ihnen den Stein vor der Grabhöhle weg. So berichtet es der Evangelist Matthäus. Bei Lukas dagegen war der schwere Stein bereits zur Seite gerollt. Maria von Magdala, Johanna und Maria, die Mutter des Jakobus, traten sogleich in die Grabhöhle und fanden den Leichnam nicht.

Mit der Auferstehung ihres Meisters rechneten sie nicht. Vielmehr waren sie verwirrt und dachten, der Leichnam sei gestohlen worden. So berichtet wiederum der Evangelist Johannes. Die Jüngerinnen seien daher schnell aus der Grabhöhle getreten und zu den Jüngern gelaufen. Diese hätten die Höhle genauer untersucht und das Leinentuch gefunden, in das der Leichnam gewickelt worden war, sowie das Schweißtuch, das Jesus um das Haupt gebunden war.

Keine Frage, die Ereignisse an jenem Ostermorgen überschlugen sich, sodass sich der tatsächliche Ablauf im Rückblick nur noch schwer rekonstruieren ließ. Unstrittig unter allen Berichterstattern aber war, dass erst ein Engelwort (Lukas 24,5) Klarheit schuf:

„Was sucht ihr den Lebenden bei den Toten?
Er ist nicht hier, er ist auferstanden."

Engel halten keine langen Reden. In einem Wort, in einem Satz bringen sie die Sache auf den Punkt. Ihr Wort ist Gesang und wird in der Kirche zur Liturgie wie das Gloria und das Sanctus. Liturgie ist immer Eintauchen und Einstimmen in den ewigen Lobpreis der Engel. Sie verkünden die Geburt des Gottessohnes wie seine Auferstehung. In den Lobgesang des Engels am leeren Grab werden später die Osterhymnen einstimmen. Der älteste erhaltene liturgische Gesang (um 1100) in deutscher Sprache lautet daher:

„Christ ist erstanden von der Marter alle;
des soll'n wir alle froh sein,
Christ will unser Trost sein.
Kyrieleis."

Paul Gerhardt hat mit „O Haupt voll Blut und Wunden" (1656) das gültige Passionslied geschrieben. Führt es in die Identifikation mit dem Sterben Jesu, so hebt das Osterlied „Auf, auf mein Herz mit Freuden" (1647) den Betrachter wieder aus dem Grab:

„Auf, auf mein Herz mit Freuden
nimm wahr, was heut geschieht;
wie kommt nach großem Leiden
nun so ein großes Licht!
Mein Heiland war gelegt
da, wo man uns hinträgt,
wenn von uns unser Geist
gen Himmel ist gereist."

Das Mysterium der Verwandlung geschieht nicht erst im Tod. Es deutet sich schon im Leben immer wieder von neuem an. So hatten einige der Jünger bereits zu Lebzeiten ihres Meisters erlebt, wie sich seine Gestalt verwandelte. Doch verstanden sie das Geheimnis seiner Transformation nicht. Als Jesus über dem Wasser schwebte, dachten sie zuerst, er sei ein Gespenst. Nicht anders war es nach der Auferstehung. Die elf Jünger saßen bei einer Mahlzeit zusammen. Da erschien plötzlich Jesus vor ihnen. Sie erschraken, sie fürchteten sich und glaubten einen Wiedergänger zu sehen (Lukas 24,37). Ihre Reaktion verblüfft Jesus sehr. Deshalb fordert er sie auf, seinen Leib zu berühren. Doch noch immer bleiben sie skeptisch, selbst dann, als er ihnen die Wundmale (Stigmata) an Händen und Füßen zeigt.

Vielleicht hatten gerade die Stigmata den Zweifel der Jünger genährt? Warum trug der Auferstandene noch die alten Wundmale? Warum waren sie nicht verheilt oder gänzlich unsichtbar geworden?

Mit der Auferstehung wird der Tod nicht rückgängig gemacht. Das Kreuz besteht aus der Horizontalen und der Vertikalen. Die Vertikale löscht die Horizontale nicht aus, sondern vereinigt sich mit ihr. Im Kreuz durchdringen sich Tod und Leben zu einer neuen Einheit. Die Wundmale Jesu sind das Kreuz in seinem Leib. Sie zeigen: Das was Jesus war, seine Liebe und sein Leiden, wird durch seine Auferstehung nicht ausgelöscht, sondern in ewiges Leben verwandelt. In den Begegnungen mit seinen Jüngerinnen und Jüngern weiht Jesus sie in dieses Mysterium der Verklärung ein.

Wie schwer dieser Einweihungsweg ist, zeigen ihre ungläubigen Reaktionen. Während bei Lukas alle Jünger an die Erscheinung eines Wiedergängers glauben, ist es bei Johannes nur der berühmte ungläubige Thomas. Jesus war wiederholt wie ein Geist durch die verschlossene Haustür unter seine Jünger getreten. Dann forderte er Thomas (Johannes 20,27) auf:

„Reiche deinen Finger her und sieh meine Hände
und reiche deine Hand her
und lege sie in meine Seite,
und sei nicht ungläubig, sondern gläubig!"

Wie grenzwertig das Geheimnis der Auferstehung von Anfang an war, zeigen die elf Jünger bei dem Evangelisten Lukas. Selbst der Anblick der Wundmale löst in ihnen kein spirituelles Erwachen aus. Deshalb muss Jesus für ihre grob geschnitzten Gemüter zu einem letzten Beweis seiner leibhaftigen Auferstehung greifen. Er fragt (Lukas 24,41):

„Habt ihr hier etwas zu essen?"

Ja, die ehemaligen Fischer legen dem vermeintlichen Gespenst einen gebratenen Fisch vor, und Jesus verspeist ihn vor ihren Augen. Nun, endlich erkannt, gibt Jesus seinen Jüngern letzte Anweisungen für die Fortsetzung seines Weges. Die Jünger sollten alle Menschen in seinem Namen taufen und bis an die Enden der Erde gehen und vom Weg der Liebe erzählen.

Er schritt durch Türen, er aß gebratenen Fisch, er beauftragte die Jünger mit der Mission, er ließ sich von Thomas berühren: Nah und doch schwer zu fassen war der Verklärte. Er war leibhaftig auferstanden, aber sein Weg war noch nicht vollendet. Noch immer trug er die Zeichen des Kreuzes. Nicht nur seine Gestalt, sein ganzes Wesen drängte auf eine endgültige Vollendung. Diese aber war nicht mehr von dieser Welt. Jesus hatte im Jerusalemer Tempel, am Jordan, auf dem Berg Tabor, im Garten Gethsemane und am Kreuz Gottes Nähe und Ferne erfahren. Das waren Stufen der Annäherung an ein Geheimnis. Nun stand er vor der letzten Stufe: der Vereinigung mit Gott. Deshalb sagt er zu Maria von Magdala (Johannes 20,17):

„Noli me tangere. Rühre mich nicht an!
Denn ich bin noch nicht aufgefahren zum Vater."

Maria hatte eine Begegnung der besonderen Art mit Jesus. Sie stand vor dem Grab und weinte. Dann trat sie in die Grabhöhle und sah zwei Engel in weißen Gewändern. Sie saßen, wo die Füße und der Kopf Jesu gelegen hatten.

„Frau, was weinst du?", fragen sie.
„Sie haben meinen Herrn weggenommen", antwortet Maria, „und ich weiß nicht, wo sie ihn hingelegt haben."

In dem Moment muss sie die Anwesenheit einer Gestalt hinter sich gespürt haben. Sie dreht sich um.

„Frau, was weinst du?", fragt der Mann. „Wen suchst du?"
Maria von Magdala glaubt vor dem Gärtner zu stehen und sagt:
„Herr, hast du ihn weggetragen, so sage mir, wo du ihn hingelegt hast; dann will ich ihn holen."
Der Unbekannte aber ruft sie nun bei ihrem Namen:
„Maria!"

Woher kennt er ihren Namen? Wer ist der Mann wirklich? Da durchfährt es Maria wie ein Blitz. Jetzt weiß sie, wen sie vor sich hat. Sie nennt ihn in ihrer und seiner Muttersprache „Rabbuni!" (Meister) und will Jesus berühren. „Rühre mich nicht an!" ist die Antwort. Und weiter: „Ich fahre auf zu meinem Vater und zu eurem Vater, zu meinem Gott und zu eurem Gott." (Johannes 20,17)

Das irdische Leben Jesu war mit der Kreuzigung abgeschlossen. Mit dem Tod trat er in eine andere Wirklichkeit. Diese himmlische Welt aber war auf geheimnisvolle Weise während seines gesamten irdischen Lebens gegenwärtig gewesen. Nicht immer und für alle sichtbar, doch zuweilen im blitzhaften Aufleuchten innerer Gewissheit erfahrbar. Von ihr hatte er gesprochen und aus ihr hatte er gelebt.

Ein paradoxes Symbol

Steht das Kreuz für den Tod oder für die Auferstehung? Zeichen sind eindeutig. Symbole sind vieldeutig. Die Botschaft des Zeichens weckt keinen Zweifel. Das Symbol stiftet Nachdenklichkeit. Das Zeichen ermöglicht eine schnelle Entscheidung. Die Botschaft des Symbols will ein Leben lang immer wieder neu bedacht werden. Zeichen regeln den Verkehr, weisen auf Bahnhöfen und in Flughäfen den Weg. Jeder versteht sie, egal, welche Sprache er spricht. Symbole sensibilisieren für einen mystischen Blick hinter die Kulissen der sichtbaren Welt. Durch die sichtbare Seite des Symbols ist etwas geheimnisvoll Hintergründiges angedeutet. Wir können es erspüren und seine Gegenwart ahnen. Vielleicht werden wir sogar von ihr ergriffen. Doch beweisen lässt sich diese verborgene Welt nicht. Sie erschließt sich nur dem Eingeweihten.

Einst war das Kreuz ein Zeichen. An ihm wurde die Todesstrafe der Kreuzigung vollzogen. Der Tod Christi aber wandelte die Bedeutung dieses Todeszeichens. Die Welt der Zeichen kennt nur ein Entweder–oder. In der Welt der Symbole gilt das Sowohl–als auch. So wurde das Kreuz ein Symbol für den Tod und zugleich für die Auferstehung, für das Ende und zugleich für den Anfang, für die Erde und zugleich für den Himmel.

Die eine Seite des Kreuzes ist sichtbar, die andere Seite unsichtbar. Die Seite des Todes gehört zur Erde, die Seite der Auferstehung zum Himmel. Den Tod schauen wir mit den leiblichen Augen. Das Licht der Auferstehung können wir nur mit den Augen der Seele erblicken. Daher sagt Joseph Beuys:

„Das Ende dieser Passion ist natürlich ein Anfang. Durch den Tod vollzieht sich das eigentliche Leben. Das ist das Mysterium des Menschensohnes. Das Ganze hat sich aufgelöst in ein Gewebe, sagen wir ruhig in ein Gewebe von Kraftzusammenhängen in der Welt.

Dieses Bild von Christus kann ja heute nicht mehr mit äußeren Augen wahrgenommen werden, sondern es muss mit einem inneren Auge wahrgenommen werden. Und mit diesem inneren Auge zeigt sich, was aus der Auferstehung Christi geworden ist. Der ist ja nicht irgendwo verdampft oder hat sich irgendwie verflüchtigt. Die Frage ist doch: Wo ist der jetzt?

Wer mit dem inneren Auge zu sehen sucht, der sieht, dass er längst wieder da ist. Nicht mehr in der physischen Form, aber in der bewegten Form einer für das äußere Auge unsichtbaren Substanz. Das heißt, er durchweht jeden einzelnen Raum und jedes einzelne Zeitelement substantiell. Also ist er ganz nah da."

Der Lebensbaum

In der romanischen Kunst wurde das Kreuz als Lebensbaum dargestellt. Das Kreuz auf der berühmten Bronzetür des Bischofs Bernward von Hildesheim aus dem Jahre 1020 treibt deutlich erkennbar neue Zweige aus. Der Legende nach wurde das Kreuz Christi aus dem Holz des Baums des Lebens gefertigt, der einst im Paradies stand. So dichtete Ephraim, der Syrer:

„Der Lebensbaum,
verborgen in der Mitte des Paradieses,
wuchs heran in Maria
und aus ihr hervortretend
beschützte er den Erdkreis in seinem Schatten
und schüttete Früchte aus
über die weitab Getrennten und die Nahen.

Lebensbaum ist das Kreuz,
das Früchte des Lebens
für unser Geschlecht hervorbrachte:
Auf dem Hügel von Golgatha
teilte Christus das Leben den Menschen mit;
von da hat er auch uns
das Liebespfand des ewigen Lebens zugesagt."

Der erste Baum des Lebens stand im Paradies, der zweite Baum des Lebens wurde auf Golgatha errichtet. Das Kreuz ist dieser neue Baum des Lebens. Die Kirchenväter nannten ihn lignum vitae – Holz des Lebens. Auf den Baum des Lebens verweisen auch die Ast- oder Baumkreuze. In den Wohnstuben Bayerns, den so genannten Herrgottswinkeln, sind sie noch heute zu finden.

Baumkreuze sind auch als Attribute der Heiligen weit verbreitet. Der Riese Christopherus benutzte einen abgestorbenen Baum als Wanderstock. Eines Tages begegnete er dem Jesuskind und trug es über einen Fluss. Am anderen Ufer angelangt, nahm er seinen Wanderstock und rammte ihn in den Boden. Daraufhin schlug das tote Holz neue Triebe aus. Auf dieses Wunder spielt auch eine alte russische Legende an, die Andrej Tarkowskij in seinem Film „Opfer" zitiert. Sie erzählt von der Geduld und dem Glauben, der noch heute totes Holz zu neuem Leben erwecken kann:

„Einmal nahm ein Starez einen verdorrten Baum. Er rammte ihn auf einem Berg in die Erde und befahl seinem Schüler, diesen dürren Baum täglich mit einem Eimer Wasser zu gießen, so lange, bis der Baum wieder Früchte trage. Das Wasser befand sich jedoch in großer Entfernung. So musste der Schüler morgens dorthin aufbrechen, um am Abend zurück zu sein. Nach dem dritten Jahr zeigte der Baum Triebe und begann Früchte zu tragen. Der Alte nahm die Früchte, brachte sie in die Kirche zu den Brüdern und sagte zu ihnen: Tretet heran und kostet von den Früchten des Gehorsams."

Aus dem verdorrten Zweig einer Beziehung kann ein neuer Baum der Hoffnung wachsen. Wie der Baum in der Erde, so wurzelt der Mensch im Unsichtbaren. Deshalb werden Bäume als geheimnisvolle Orte der Inspiration erlebt. Buddha widerfährt unter einem Feigenbaum die Erleuchtung. Noch heute wird ein Ableger dieses heiligen Baumes in Bodhgaya verehrt. Bei den Germanen war der Baum ein Symbol der Einheit des Lebens. Sie verehrten in ihm die Lebenskraft, die alle Bereiche der Götter- und Menschenwelt durchdringt. Die Krone der immergrünen Weltesche Yggdrasil reicht bis in den Himmel. Ihr Stamm trägt die Welt der Menschen, und zwischen ihren Wurzeln wohnen die Nornen. Sie bestimmen das Schicksal der Menschen. Die Eiche galt als Lieblingsbaum des Gottes Donar.

Johannes sieht in einer Vision des wiedergefundenen Paradieses neue Bäume des Lebens. Sie wachsen zu beiden Seiten des Flusses mit dem Wasser des Lebens und tragen zwölf Mal im Jahr Früchte. So steht am Anfang (Genesis 2,9) und am Ende (Apokalypse 22,2) der christlichen Bibel das Symbol des Lebensbaumes.

In den Psalmen ist der Baum ein Sinnbild für Standhaftigkeit. „Der Gerechte wird grünen wie ein Palmbaum, er wird wachsen wie eine Zeder auf dem Libanon." (Psalm 92,13) „Wohl dem, der nicht wandelt im Rat der Gottlosen noch tritt auf den Weg der Sünder noch sitzt, wo die Spötter sitzen, sondern hat Lust am Gesetz des Herrn und sinnt über seinem Gesetz Tag und Nacht! Der ist wie ein Baum, gepflanzt an den Wasserbächen, der seine Frucht bringt zu seiner Zeit, und seine Blätter verwelken nicht. Und was er macht, das gerät ihm wohl." (Psalm 1,1–3)

Der Baum ist auch das zentrale Symbol der jüdischen Mystik oder Kabbala. Der Name „Kabbala" bedeutet „Tradition". Er bezeichnet die spirituellen Wurzeln des Judentums. Das Hauptwerk der Kabbala wurde Ende des 13. Jahrhunderts in Kastilien geschrieben. Sein Autor ist Moses ben Schemtow de Leon (1250–1305). Der Titel des berühmten Buches lautet „Sefer ha-Sohar" („Buch des Glanzes"). Wie jeder Baum mit seinen Ästen und seinen Wurzeln eine sichtbare und eine unsichtbare Seite hat, so besitzt auch Gott eine offenbarte und eine verborgene Seite. Die sichtbare Seite Gottes ist die geschaffene Welt. Der Kabbalist vergleicht sie mit zehn Ästen oder Sefirot. Das sind Attribute Gottes wie Weisheit, Vernunft, Liebe, Barmherzigkeit oder Schönheit. Die Wurzeln des Baumes verweisen auf die unsichtbare Seite Gottes. Sie wird „Wurzel aller Wurzeln" oder auch „En-sof" („das Unendliche") genannt. Die verborgene Seite Gottes ist geheimnisvoll und unergründlich. Doch wie die Äste eines Baumes ihre Kraft aus den Wurzeln ziehen, so lebt die gesamte Schöpfung aus der unsichtbaren Wurzelkraft Gottes.

Das alte mystische Lehrbuch mit dem Titel „Die Schatzhöhle" überliefert eine Welt spiritueller Bezüge: Als Adam starb, da wollten ihn Sem, der erstgeborene Sohn des Noah, und der Priester Melchisedek gemeinsam begraben. Sie nahmen den Leichnam und brachten ihn nach Golgatha. Denn dieser Ort galt als Mittelpunkt der Erde. Hier hatte Melchisedek einen Altar errichtet, hier hatte Abraham seinen Sohn Isaak opfern wollen, hier deutete der Engel auf den Widder, der stellvertretend für Isaak geopfert wurde. Dieser Widder war Christus selbst gewesen, das Lamm Gottes, das hinweg nimmt die Sünden der Welt. Als Sem und Melchisedek den Leib Adams auf den Boden gelegt hatten, da öffnete sich die Erde und bildete die Gestalt eines Kreuzes. Sie legten Adam hinein und die Erde schloss sich wieder ohne ihr Zutun.

Hinweise auf das Kreuz als Lebensbaum wurden auch in der Himmelsleiter gesehen, die Jakob im Traum schaute. Selbst die messbare Zeit war voller Entsprechungen: Adam und Eva wurden am sechsten Tag der Schöpfung, einem Freitag, erschaffen, Christus starb an einem Freitag. In der dritten Stunde des Nachmittags (15 Uhr) geschah einst der Sündenfall, zur gleichen Stunde starb Jesus und überwand damit die Folgen der Sünde.

Das Kreuz wurde aus dem Holz des Lebensbaumes gefertigt. Holz ist ein nachhaltiger Werkstoff und kann daher immer wieder neu bearbeitet werden. Weil die spirituelle Fantasie niemals ruht, machte man sich auch Gedanken, wie das Holz den Weg durch die Zeit gefunden hatte. Was wurde zuerst aus dem Holz gezimmert, bevor es als Kreuz Verwendung fand? Ein Kasten mit zwei Tragegriffen, in dem Moses die beiden Tafeln mit den Zehn Geboten unterbringen konnte. Diese Trage wurde Bundeslade genannt. So diente das Holz des Lebens als Grundlage für den alten und den neuen Bund.

Und die Art des Holzes? Aus welchem Holz war das Kreuz gezimmert worden? Der Baum des Lebens war gewiss kein immer grünes Lebensbäumchen. Vielleicht ein Ölbaum. Denn als Adam jenseits von Eden erkrankte, da ging sein Sohn Seth zur Pforte des Paradieses, klopfte an und bat den Cherub mit dem flammenden Schwert um das Öl des Erbarmens vom Baum des Lebens, damit es die Leiden seines Vaters lindern könne.

Also Holz vom Ölbaum. Aber hatte nicht Paulus in einem dunklen Vers von den vier Dimensionen des Kreuzes gesprochen? Er schrieb an die Gemeinde von Ephesus: „So könnt ihr mit allen Heiligen begreifen, welches die Breite und die Länge und die Höhe und die Tiefe ist, auch die Liebe Christi erkennen, die alle Erkenntnis übertrifft, damit ihr erfüllt werdet mit der ganzen Gottesfülle." (Brief an die Epheser 3,18) Breite und Länge, Höhe und Tiefe – daraus entnahm man den versteckten Hinweis auf vier Holzarten, aus denen das Kreuz gezimmert worden sei: Palme, Zypresse, Olive und Zeder.

Aber vielleicht war es keines dieser Hölzer? Vielleicht war das Kreuz aus dem Holz des Weinstockes gefertigt worden? Denn Jesus bezeichnet sich in einem Bild der mystischen Einheit als Weinstock und die Menschen als Reben. Aus der alten jüdischen Tradition der Propheten stammt das Bild vom abgeholzten Baum, dessen Wurzel wieder neu austreibt. Es ist die Wurzel Jesse. Jesse oder Isai war der Vater des Königs David. Jesus galt als Davidssohn, stand also in der Tradition der großen Könige Israels. Auf vielen Darstellungen des Mittelalters, so etwa auf dem Deckengemälde der Michaeliskirche in Hildesheim oder dem Südportal der Lambertikirche in Münster, wird dieser Stammbaum Jesu gezeigt. Der Prophet Jesaja schaute als erster dieses große Symbol der Hoffnung und Auferstehung:

„Es wird ein Reis hervorgehen aus dem Stamm Isais
und ein Zweig aus seiner Wurzel Frucht bringen.
Auf ihm wird ruhen der Geist des Herrn,
der Geist der Weisheit und des Verstandes,
der Geist des Rates und der Stärke,
der Geist der Erkenntnis und der Furcht des Herrn.“
Jesaja 11,1–2

6. *Anstoß:* Das Zeichen des Sieges

„Ich habe gesehen, dass die einzige Gruppe von
Menschen, die sich auch nur ein wenig mensch-
lich benahm trotz Hunger und Verhöhnungen
– die Religiösen sind, die Sektenmitglieder, und
zwar fast alle, sowie ein großer Teil der Popen."
Warlam Schalamow.
Was ich im Lager gesehen und erkannt habe

Notre-Dame de Paris brennt

Am 15. April 2019 brach in der Kathedrale Notre-Dame de
Paris ein Feuer aus. Nicht nur die christliche Welt hielt den
Atem an. Ich dachte an die Zerstörung der Twin-Tower und
verdrängte sogleich diesen Vergleich. Vielleicht ist es gut, dass
die Ursache des Brandes im Dachstuhl der Kirche nicht aufge-
klärt wurde. Doch bleibt die Ahnung von weit schrecklicheren
Katastrophen, die uns bevorstehen könnten. Als Michel Au-
petit, Erzbischof von Paris, am 15. Juni 2019 die erste Messe
im unversehrten Teil der Kathedrale zelebrierte, verwies er auf
das verleugnete Kreuz: „Schämen wir uns des Glaubens unserer Vorväter? Schämen wir uns Christi?" Dann sprach er von
der Christenverfolgung im Orient.

Wie wird die Menschheit reagieren, falls eines Tages der Pe-
tersdom, die Kaaba oder die Klagemauer Ziel eines erfolgrei-
chen terroristischen Angriffs werden sollten? Es gibt besorgte
Zeitgenossen wie die Prepper-Gruppe „Nord-Kreuz", die sich
auf einen Zusammenbruch staatlicher Ordnungen am „Tag X"
vorbereiten. Panik ist ein schlechter Ratgeber und die von der
Gruppe „Nord-Kreuz" getroffenen Überlebensstrategien zeigen nur, dass sie den Ernst einer möglichen Katastrophe auch

nicht im Ansatz begreifen. In meinem Bewusstsein ist jenes Bild der Deutschen Presseagentur von einem golden leuchtenden Kreuz inmitten der Trümmer aus dem Kirchenschiff von Notre-Dame geblieben.

Im vierten Jahrhundert wandelte sich der Blick auf das Kreuz. Es war nicht mehr Marterpfahl, sondern Medizin der Unsterblichkeit. Wer einen Splitter vom Kreuz besaß – und war er noch so winzig, der wusste sich von einer geradezu magischen Kraft erfüllt. Christus hatte das Holz mit seinem Leib berührt. Jetzt war er im Holz gegenwärtig.

Reliquien, wie ein Zahn Buddhas oder der Hufabdruck von Mohammeds Pferd Buraq, werden in allen Religionen verehrt. Man unterscheidet sie in Kontakt- und Körperreliquien. Körperreliquien können die Haare oder Knochen eines Heiligen sein. Kontaktreliquien sind Gegenstände, die ein Heiliger berührt hat, wie zum Beispiel das Kleid der Maria, das sie trug, als ihr der Engel Gabriel erschien. Die Kirche baute kostbare Reliquiare zur Aufbewahrung und Anbetung. Am Sinn oder Unsinn der Reliquien wie auch an der Frage ihrer Echtheit haben sich die Gemüter erhitzt und zerstritten.

Nach christlichem Glauben war Jesus leibhaftig in den Himmel aufgefahren. Deshalb konnte es von ihm nur Kontaktreliquien wie das Kreuz, die Dornenkrone oder die Nägel geben. Wahrscheinlich wusste außer den Pariser Katholiken niemand, dass Christi Dornenkrone in der Kathedrale Notre Dame ausgestellt war. Erst der Brand im Dachstuhl rückte sie für kurze Zeit wieder ins Bewusstsein der Öffentlichkeit.

Mit den Kirchen werden auch die Reliquien manchmal museal. So besaß Bischof Bernward von Hildesheim einen Splitter vom Kreuz Christi, den er nicht nur in ein mit Edelsteinen verziertes Kreuz einfassen ließ. Er baute zu seiner Verehrung die Michaeliskirche. Heute ist dieses Gotteshaus ein

Weltkulturerbe ohne Kreuzsplitter. Die spirituelle Aura der Reliquie wird nicht mehr wahrgenommen. Das Kreuz steht heute im Dommuseum der Rosenstadt neben dem Gymnasium Josephinum. Gott aber hat einen langen Atem. Gewiss wird er eines Tages einen Engel der Inspiration nach Hildesheim entsenden. Dann steht die Kreuzreliquie wieder auf einem der Altäre der Stadt.

Siegeszeichen

Auf das Jahr genau kennt niemand den Beginn der Verehrung des Kreuzes. Die Legende führt ihn auf eine Entdeckung des echten Kreuzes Christi durch Kaiserin Helena zurück. Helena wurde am Bosporus geboren und starb im Gebiet der heutigen Türkei. Sie war die Mutter des römischen Kaisers Konstantin, unter dessen Herrschaft die Zeit der Christenverfolgung ein Ende fand. Das Christentum entwickelte sich zur neuen Staatsreligion im römischen Reich. Die politische Wende hatte im Herzen des Kaisers ihren Anfang genommen. Alles begann mit der berühmten Kreuzvision.

Die Legende erzählt, Kaiser Konstantin habe während der Schlacht an der Milvischen Brücke eine Vision gehabt. Er sah ein Zeichen mit den Anfangsbuchstaben des Erlösers Christus. Die griechische Buchstabenkombination Chi (X) und Rho (P) wird auch Chi-Rho-Monogramm oder Christusmonogramm genannt. Eine Stimme vom Himmel kommentierte die Buchstabenfolge:

„In diesem Zeichen wirst du siegen!"

So ließ Konstantin die Buchstabenfolge auf die Gewänder seiner Soldaten nähen und führte sie zum Sieg.

Die berühmteste aller Legendensammlungen, die Goldene Legende oder Legenda Aurea des Jacobus de Voragine (1228–1298), verlegt den Zeitpunkt der Vision in die Nacht. Ein Engel habe den Kaiser geweckt und ihm befohlen: „Schau über dich!" Daraufhin habe Konstantin das Christusmonogramm am nächtlichen Sternenhimmel gesehen. Die Legende nennt auch eine andere Verwendung des Kreuzzeichens: Konstantin habe es auf die Feldzeichen der Soldaten malen lassen. Sich selbst aber zeichnete er das Kreuz auf die Stirn. Wie Moses einst seine Männer im Krieg unterstützt hatte, indem er die Arme ausbreitete und mit seinem Körper die Gestalt eines Kreuzes bildete, so führte nun Konstantin seine Soldaten mit dem Kreuzzeichen auf der Stirn zum Sieg. Danach kehrten sich die Verhältnisse um. Nicht immer zum Guten, befanden einige und zogen sich wie der Heilige Antonius in die Wüste zurück.

Medizin der Unsterblichkeit

Der Legende nach war es Kaiserin Helena, die auf ihrer Pilgerreise nach Palästina (324) das Kreuz Christi an einem 3. Mai (Fest der Kreuzauffindung in der Römisch-Katholischen Kirche) unter dem Schutt des Hügels von Golgatha fand und in der Grabeskirche an einem 14. September (Fest Christi Kreuzerhöhung in den Orthodoxen Kirchen und der Römisch-Katholischen Kirche) aufstellen ließ. Ohne die Hilfe des Heiligen Geistes wäre dies nicht gelungen, wird später der Kirchenvater Ambrosius von Mailand (339–397) sagen. Als Helena am Grabungsort angekommen ist, ruft sie erschüttert aus:

„Siehe, der Ort des Kampfes! Wo ist der Sieg?
Ich suche das Panier des Kreuzes, aber ich finde es nicht.

Ich auf dem Throne, und das Kreuz des Herrn im Staube?
Ich in Gold, und Christi Triumph im Schutt?
Dieser noch begraben und vergraben die Siegespalme des
ewigen Lebens?
Wie soll ich an meine Erlösung glauben,
wenn die Erlösung selbst sich dem Auge entzieht?"

Die Ausgrabungsarbeiten beginnen. Bald werden drei Kreuze
gefunden. Welches aber ist das echte Kreuz? Helena erinnert
sich: Christus wurde zwischen zwei Verbrechern gekreuzigt.
Oberhalb seines Kreuzes war eine Tafel angebracht mit der
Aufschrift: „Jesus von Nazareth, König der Juden". Helena findet die Tafel, und da erstrahlt das wahre Kreuz im Licht. Bewegt schreibt Ambrosius, wie Helena begehrt, das „Heilmittel
der Unsterblichkeit" zu berühren. Mit diesem Wort von der
Medizin der Unsterblichkeit („Pharmakon Athanasias") bezeichnete einst der Märtyrer Ignatius das Abendmahl (Messopfer).

Ich hatte Ignatius in Münster kennengelernt. Dort lehrte
Kurt Aland (1915–1994) als der letzte seiner Art: Aland erzählte von den großen Helden der frühen Kirchengeschichte,
als hätte er sie allesamt persönlich gekannt. Eine Kontaktreliquie erster Güte!

Tatsächlich ist der „Leib des Herrn" oder die Hostie die
zentrale Reliquie des Christentums. In ihr ist der Gekreuzigte gegenwärtig. Im Abendmahl vereinigt er sich mit dem
Menschen. An jedem Ort der Welt kann das Messopfer gefeiert werden. Daher braucht das Christentum weder Reliquien
noch Wallfahrtsorte wie Lourdes, Fatima, Rom oder Jerusalem, um das Mysterium der Vereinigung zu feiern. Gott ist
überall gegenwärtig – auch in den bewusst schmucklos gehal-
tenen Kirchen der reformierten Schweiz. Doch wer möchte auf

die Schönheit der heiligen Stätten der Begegnung verzichten! Die Ökumene lebt aus der Vielfalt der Annäherung an das Geheimnis, nicht aus der Angleichung und Gleichmacherei. Ökumene setzt ein weites Herz voraus.

Alle Fragen nach der „Echtheit" der Kreuzreliquie sind letztlich belanglos gegenüber der überwältigenden Wirkungsgeschichte dieser Medizin der Unsterblichkeit in der abendländischen Geschichte. Wann immer die Entdeckung des Helena-Kreuzes zu datieren ist – mit ihr beginnt eine beispiellose Verehrung dieser wichtigsten Kontaktreliquie des Christentums, aber auch die Verquickung von Thron und Altar, von weltlicher und kirchlicher Macht.

Denn Helena hatte nach dem Bericht des Ambrosius nicht nur das Kreuz entdeckt und in der Grabeskirche zur kultischen Verehrung aufrichten lassen, sondern sie hatte auch die Nägel gefunden, mit denen Christus ans Kreuz geheftet worden war. Nägel werden später noch viele gefunden und zu nationalen Symbolen erhoben werden. So trug die Reichsreliquie der Kaiser des Heiligen Römischen Reiches, die heilige Lanze, einen Nagel der Kreuzigung. Hitler führte diese heilige Lanze von Wien zurück nach Nürnberg in die Stadt der Reichsparteitage. Kaiserin Helena ließ einen Nagel in die Kaiserkrone ihres Sohnes einarbeiten. Aus einem zweiten Nagel wurde die Trense für das Zaumzeug seines Pferdes gefertigt. Ein Nagel Christi als Mundstück mit zwei Ringen an jeder Seite zum Einschnallen der Zügel bedurfte der Erklärung. Ambrosius blieb sie nicht schuldig:

„Helena suchte die Nägel, mit denen der Herr ans Kreuz geheftet wurde, und fand sie. Aus dem einen hieß sie ein Pferdegebiss (Trense) machen, den anderen ließ sie in ein Diadem verarbeiten. Den einen verwandte sie zur Schmucksache, den anderen zum Weihegegenstand.

Maria ward heimgesucht zur Erlösung der Eva, Helena ward heimgesucht zur Erlösung der Kaiser. Sie sandte ihrem Sohn Konstantin das Diadem, mit Edelsteinen geschmückt, die in den Nagel eingefügt waren und das den noch kostbareren Edelstein des Kreuzes der göttlichen Erlösung zusammenhielt. Auch den Zaum sandte sie ihm. Beides nahm Konstantin in Gebrauch und vererbte den Glauben auf die folgenden Kaiser. Den Anfang bei den gläubigen Kaisern bildete demnach das ‚heilig', das auf dem Zaume stand. Von da rührte ihr Glaube her, sodass ihre Verfolgung aufhörte, an deren Stelle die Gottesverehrung trat.

In dieser Weise handelte Helena, dass sie das Kreuz auf dem Haupte der Könige aufpflanzte. Es sollte das Kreuz Christi an den Königen verehrt werden. Nicht Ungehörigkeit ist es, sondern Frömmigkeit, wenn der heiligen Erlösung Verehrung gezollt wird. Ein Gut ist dieser Nagel im Zügel der römischen Herrschaft. Er beherrscht den ganzen Erdkreis und schmückt die Stirne der Kaiser, sodass sie jetzt Prediger sind, die so oft die Verfolger waren. Mit Recht ruht der Nagel auf dem Haupte, damit dort, wo der Verstand thront, auch der Schutz herrsche. Auf dem Haupte die Krone, in den Händen der Zügel. Die Krone vom Kreuze, dass der Glaube leuchte, desgleichen der Zügel vom Kreuze, dass die Macht herrsche. Und ein gerechtes Herrschen soll es sein, nicht ein ungerechtes Gebieten."

Die Legenda aurea erzählt auch hier mit mehr Freude zum Detail: Auf dem Hügel Golgatha habe Helena einen heidnischen Tempel vorgefunden, den Kaiser Hadrian zu Ehren der Göttin Venus und zur Provokation der Christen hatte errichten lassen. Den Venustempel ließ die Kaisermutter kurzerhand planieren und fand unter dem Schutt drei Kreuze. Die Echtheit des Kreuzes Christi wurde durch eine Wunderprobe erwiesen.

Man brachte die drei Kreuze in die Stadt und legte sie auf den Boden. Als zur neunten Stunde, also um 15 Uhr, eine Bahre mit einem Toten vorübergetragen wurde, legte man nacheinander jedes der drei Kreuze auf den Verstorbenen. Das echte Kreuz offenbarte sich durch die Wunderkraft, mit der es den Toten wieder ins Leben zurückkehren ließ. Von dem Kreuz, so erzählt Jacobus weiter, brachte Helena ein Stück ihrem Sohn, den Rest ließ sie in einem silbernen Schrein in der Grabeskirche zur Verehrung ausstellen. Im Jahre 614 wurde die Jerusalemer Kreuzpartikel von dem Perserkönig Chosran II. gestohlen. Kaiser Herakleios brachte sie 630 nach Jerusalem zurück. Das „wahre Kreuz" („vera crux") wurde am Heiligen Grab verehrt. In den Kreuzzügen ging es mit der Niederlage von Hattin'vul (1187) endgültig verloren.

Die wunderbare Vermehrung

Überhaupt die Zahl der Reliquien! Zählte man sämtliche Hölzer und Holzsplitter zusammen, so ergäben sich mehrere Festmeter Holz, vielleicht sogar ein kleiner Wald! Das konnte nicht mit rechten Dingen zugehen. Oder doch? Hatte Jesus nicht Wasser in Wein verwandelt? Hatte er nicht Brot und Fische wunderbar vermehrt?

Vielen Pilgern genügte eine Berührung des Kreuzes allein nicht. Deshalb schnitten sie heimlich kleine Holzsplitter ab. Makrina, die Schwester des berühmten Bischofs Gregor von Nyssa und Leiterin einer Klostergemeinschaft, war eine geweihte Jungfrau („virgo consecrata"). Sie trug als Amulett einen Ring mit einem Kreuzsplitter am Hals.

Das Bedürfnis der zahllosen Pilger, einen Originalsplitter vom Kreuz zu besitzen und in ihre Heimat zu bringen, führte schon seit dem 4. Jahrhundert zu einer strengen Bewachung der Pilgerstätte. Denn immer wieder kam es vor, dass ein Pilger nicht nur niederkniete und das Kreuz küsste, sondern dabei kräftig in das Holz hinein biss, um einen Splitter zu erlangen. Schon im winzigen Teil, so glaubte man, liege das volle Heil des Kreuzes. Dennoch: Der Holzschwund war enorm. Um das Bedürfnis der Pilger zu befriedigen, wurden Ersatzreliquien angeboten: Erde vom Grab Christi, die heimlich immer wieder neu in die Grablege geschaufelt wurde, oder eine Flasche mit Öl, die mit dem Kreuz in Berührung gekommen war. Diese Pilgerampullen waren mit dem Kreuzzeichen geschmückt und der Inschrift versehen:

„Öl vom Holz des Lebens
von den heiligen Stätten Christi".

Über diese im gesamten Abendland verbreiteten heiligen Öle rankten sich bald Legenden. So wurde behauptet, es sei direkt aus dem Kreuz geflossen. Gegen die Zweifler trat Johannes von Damaskus auf. Er lebte und lehrte in seiner Zeit der Ausbreitung des Islams in allen Regionen Nordafrikas, des Vorderen Orients und der Türkei und wurde wie der Wüstenvater Antonius 104 Jahre alt. Das Ölwunder verglich er mit dem Wasserwunder des Moses:

„Denn wenn aus hartem Fels in der Wüste Wasser quoll,
ist es dann unglaublich,
dass aus Märtyrerreliquien wohlriechendes Öl quelle?"

Auch für die zahlreichen Holzsplitter vom Kreuz Christi gab es bald eine wundersame Erklärung. Es hieß: Das Holz wachse ständig nach! So konnten Kreuzsplitter in Ringe und Halsschmuck eingearbeitet oder in den besonders schutzbedürftigen Eingangsbereichen der Häuser und Kirchen aufgehängt werden. Das Kreuz war ein Schutzmittel ebenso wie die Nägel, die Kaiserin Helena ihrem Sohn geschenkt hatte. Johannes von Damaskus mit dem Beinamen Chrysostomus kommentierte die magische Wirkung der Kreuznägel:

„Das Diadem schmückt den Kopf, das Kreuz aber den Verstand.
Es vernichtet die Dämonen und behebt Krankheiten der Seele.
Es ist eine unbesiegbare Waffe, eine uneinnehmbare Mauer.
Es zerstreut nicht nur die eindringenden Barbaren und angreifenden Feinde,
sondern auch die Schlachtreihen der wilden Dämonen."

Kreuzmagie war also keine Angelegenheit des einfachen Volksglaubens. So sandte Papst Gregor der Große der langobardischen Königin Theodolinde ein Schutzmittel („Phylakterium") für ihren Sohn und legte folgendes Begleitschreiben bei:

„Unserem ausgezeichneten Sohn aber, dem König Aduluval-dus, haben wir Phylakterien übersenden lassen, nämlich ein Kreuz mit Holz vom heiligen Kreuz des Herrn. An eurem Hals aufgehängt, werden sie euch vor allen Übeln beschützen."

Jerusalem wurde vom Islam erobert. Doch blühten die Geschäfte auch unter muslimischer Herrschaft weiter. Im 16. Jahrhundert pilgerte Ignatius von Loyola an die heiligen Stätten. Er begehrte den Ölberg zu besuchen und besonders jene Stelle, von der aus Jesus in den Himmel gefahren sein soll. Hier wurden seine Fußabdrücke in einem Felsstück verehrt. Der türkische Wächter verwehrte jedoch Ignatius den Zutritt und musste erst durch die Gabe eines Federmessers aus dem Schreibzeug bestochen werden. Nachdem Ignatius an der heiligen Stätte gebetet hatte, verließ er den Ölberg. Doch an dem folgenden Tag plagten ihn Zweifel. Er konnte sich nicht mehr genau an die Stelle des rechten und des linken Fußabdruckes erinnern. So ging er erneut zum Ölberg. Der muslimische Wächter dieser heiligen christlichen Stätte kannte kein Erbarmen. Ignatius musste nun seine Schere als Wegezoll opfern.

Kreuze auf Fahnen

Kaiser Konstantin ließ das Kreuzzeichen auf die Kriegsfahnen seiner Soldaten setzen. Damit fand es Eingang in die Heraldik. Wunderbare Geschichten vom Kreuz wissen auch die Dänen zu erzählen. Der Dannebrog fiel direkt vom Himmel und führte den dänischen König Waldemar II. zum Sieg. Das war am 15. Juni im Jahr des Herrn 1219 vor 800 Jahren. Dieser Tag ist in die Geschichte Dänemarks eingegangen. Er heißt Waldemarstag und gehört zu den zahlreichen offiziellen Beflaggungstagen. Wer, wann und wie den Dannebrog hissen darf, ist ebenso streng geregelt wie die Größe von Fahne oder Wimpel. Der wichtigste Grundsatz aber lautet: Auf privatem dänischen Grund weht nur der Dannebrog. Wer am Fahnenmast seines Ferienhauses eine andere Fahne hissen möchte, bedarf einer Ausnahmegenehmigung. Der „Dannebrog" oder die „Flagge der Dänen" sieht einfach hygge aus, wenn sie vor blauem Himmel zwischen Dünen und Strand weht. Doch wer den Dannebrog mit einer schönen Urlaubsfahne verwechselt, weiß nichts von dem nationalen Mythos, den die Dänen mit ihrer Fahne verbinden. Im Zeichen des weißen Kreuzes zeigen sich auch Dänemarks Sozialdemokraten entschieden und wehrhaft.

Der Dannebrog besitzt ein weißes skandinavisches Kreuz. Skandinavische Kreuze sind nicht mittig auf der Fahne, sondern leicht nach links zur Stangenseite verschoben. Das skandinavische Kreuz findet sich ebenfalls auf den Fahnen der Färöer-Inseln und Åland-Inseln, auf den Fahnen von Finnland, Island, Norwegen und Schweden. Die finnische Fahne, der Siniristilippu, zeigt ein blaues Kreuz auf weißem Grund. Blau symbolisiert dabei die zahllosen Seen der Landschaft und weiß den Schnee der Wintermonate.

Andere Länder zeigen das Kreuz nur im Falle eines Krieges auf ihren Flaggen. Kriegsflaggen mit dem Kreuz haben Ghana, Indien oder Malaysia. Das Andreaskreuz findet sich auf den Fahnen von Burundi, Jamaika, Jersey oder Schottland. Auf der Fahne des Britischen Reiches sind Andreaskreuz und ein gemeines Kreuz ineinander verschränkt abgebildet. Das weiße Kreuz auf rotem Untergrund der Schweizer Fahne wird schwebendes Kreuz genannt. Es findet sich auch im linken oberen Viertel der roten Fahne der Tonga-Inseln wieder.

Im Bundesvertrag von 1815 wurde das schwebende, gleichschenklige, weiße Schweizer Kreuz auf rotem Grund zum schweizer Wappenzeichen bestimmt. Zuerst setzte man es auf die Siegel der einzelnen Kantonswappen. 1840 entstand erstmals eine gesamtschweizerische Truppenfahne. Der Ursprung der Schweizer Fahne ist eindeutig christlich. Die rote Farbe symbolisiert das Blut der Märtyrer, die für ihren Glauben gestorben sind. So führen einige die Schweizer Fahne auf den Heiligen Mauritius und die von ihm angeführten thebäischen Legionen zurück. Sie standen im Dienst der heidnischen Römer, bekannten sich aber zum christlichen Glauben und mussten dafür sterben. Das Banner der Schwyzer war zuerst ein bildloses rotes Tuch. Später kam eine Darstellung des Gekreuzigten und seiner Marterwerkzeuge hinzu. Das durchgehende weiße Kreuz wurde erstmals von den Bernern in der Schlacht bei Laupen (1339) als Erkennungszeichen auf den Kleidern getragen. Es sollte die Berner Truppen von den Österreichern (rotes St. Georgskreuz) und den Burgundern (Andreaskreuz) unterscheiden.

Das Andreaskreuz

Wird das griechische Kreuz (+) um 45 Grad gedreht, erscheint das Bild des Andreaskreuzes (X). In der Rechenkunst bezeichnete das Andreaskreuz ursprünglich den Vorgang der Multiplikation. Der englische Pfarrer und Mathematiker William Oughtred benutzte es als erster in seinem Werk „Schlüssel zur Mathematik" (1631). Gottfried Wilhelm Leibniz (1646–1716) ersetzte das Andreaskreuz durch den noch heute gebräuchlichen Punkt als Zeichen für Multiplikation. Das Andreaskreuz, so fand Leibnitz, könne zu leicht mit dem Buchstaben X verwechselt werden. Er hatte Recht. Wer Griechisch gelernt hat, der weiß: Das Andreaskreuz ist kein Kreuz, sondern der griechische Buchstabe „Chi". Seine Schreibweise ähnelt dem lateinischen Buchstaben „X". Mit dem Buchstaben „Chi" beginnt der Name „Christus". So war das Andreaskreuz ursprünglich ein Zeichen der Nachfolge Jesu. Als Verkehrszeichen aus zwei gekreuzten weißen Balken mit roten Enden steht das Andreaskreuz vor Bahnübergängen rechts oder beiderseits der Straße und mahnt zur Vorsicht.

Von Andreas und seinem Kreuz war schon die Rede. Sein griechischer Name bedeutet schlicht „der Mann". Andreas lebte als Fischer am See Genezareth und war ein Bruder des Petrus. Mit ihm hatte er die ganze Nacht über vergeblich die Netze ausgeworfen. Dann kam der kalte Morgen und die Müdigkeit in den matten Gliedern, aber auch der Mann, der

Andreas' Leben durchkreuzte und ihm eine neue Mitte geben sollte. Er forderte ihn auf, erneut auf den See zu rudern und noch einmal den Fang zu wagen. So fuhren Andreas und Petrus hinaus, warfen die Netze aus und fanden sie voller Fische.

Später sprach man von einem Wunder. Doch nicht der Fischfang war das Wunder. Wunder finden im Herzen statt. Andreas hätte sich der Anforderung des Fremden widersetzen können. Er hätte nach der durchwachten Nacht und der erfolglosen Arbeit sagen können: Ich bin müde. Es hat keinen Sinn. Wieso sollte ich jetzt gerade etwas fangen, wo ich zu günstigerer Zeit nichts gefangen habe? Doch Andreas erkannte die Stunde seiner Berufung, stand aufrecht und breitete die Arme aus. Er gibt seine alte Stellung auf. Hatte er nicht eine Familie? War er nicht seinen Kindern und seiner Frau gegenüber verpflichtet?

Wenn der Ruf die Lebenslinie durchkreuzt, herrscht nicht nur Aufbruchstimmung. Dann stellt sich auch der Zweifel ein: Ich würde ja gerne, aber es geht nicht. Ich habe Familie. Wer soll für unseren Lebensunterhalt aufkommen? Andreas ist nicht leichtfertig. An unbeschrankten Bahnübergängen mahnt sein Kreuz zur Vorsicht, aber es fordert nicht zum Stillstand auf. Es gibt den Weg frei, rät aber zur Wachsamkeit.

Über das Leben des Andreas berichten die Andreasakten. Andreas gilt als Apostel Kleinasiens, Konstantinopels und Russlands. In Patras erlitt er den Märtyrertod. Er wurde an ein Kreuz mit x-förmigen Balken genagelt. Daher stammt auch der Name Andreaskreuz. Sein Gedenktag ist der 30. November. Über die spirituelle Lehre des Andreas geben die Andreasakten einen genauen Einblick. Die Botschaft des Andreas lautete:

„Wenn du, Mensch, wahrnimmst,
dass du unstofflich bist,
heilig, Licht, dem Ungezeugten verwandt,
vernünftig, himmlisch, durchsichtig, rein,
der Welt überlegen,
den Gewalten überlegen,
den Mächten überlegen,
über denen du wirklich stehst,
wenn du dich in diesem Zustand verstehst,
so nimm die Erkenntnis mit,
worin du überlegen bist.
Sehne dich danach, jenen zu schauen,
der sich dir offenbart hat,
der nicht geworden ist,
den du bald allein getrost erkennen wirst."

Andreas hatte die Mitte des Kreuzes aufgespürt. Für ihn war es jener Energiepunkt, aus dem ihm das Bewusstsein der Überlegenheit und die Kraft zum Widerstand zuströmte. So ließ sich Andreas nicht durch die Verurteilung zur Kreuzigung einschüchtern. Am Kreuz hängend, spricht er noch folgende Worte:

„Männer, die ihr bei mir steht,
Frauen, Kinder, Greise, Sklaven und Freie
und wer immer sonst hören will:
Wenn ihr den Tod für das Ende des vergänglichen Lebens haltet,
seid ihr schon von diesem Ort befreit.
Doch wenn ihr glaubt,
ihr existiertet nur im Bereich des Sichtbaren
und in nichts anderem darüber hinaus,
seid ihr unverständig und Sklaven der Unwissenheit.

Denn was nützt es euch, Äußerlichkeiten zu besitzen,
nicht aber euch selbst?
Darum wendet euch, ich bitte euch alle,
von dem mühseligen, vergeblichen, unmäßigen,
verlogenen und vergänglichen Leben ab
und bemüht euch, die Seele zu fassen,
die in das drängt,
was über der Zeit,
über dem Gesetz,
über dem Wort ist,
und ihr werdet bekommen,
was ihr wollt."

Kreuzmagie

Im Volksglauben galt die Kreuzmagie als eine Art Allheilmittel. Das Haus war der heilige Ort der Familie. Deshalb musste es durch Kreuze besonders geschützt werden. In Haus oder Wohnung galten besonders die Eingangsbereiche als gefährdete Orte. Durch die Tür oder das Fenster konnten nicht nur ungebetene Gäste und Diebesgesindel heimlich eintreten, sondern vor allen Dingen die Mächte aus der unsichtbaren Welt. So sollten drei Kreuze an Türen und Fenstern die Hexen, Druden, Geister und Dämonen vom Haus fern halten. Auch das Fensterkreuz diente der Abwehr von Unheil. Drei Kreuze, gemeißelt auf Tür- oder Fenstersturz, halfen das Heil der Familie zu schützen.

Die Magie des Kreuzes begleitet auch den Lebenslauf des Menschen von der Geburt bis zum Tod. Der Volksglaube weiß: Schwangere Frauen sollen das Kreuz nicht küssen, sonst wird ihr Kind zum Epileptiker. Das Neugeborene aber sollte unbedingt bekreuzigt werden, damit es nicht gegen einen Wechselbalg ausgetauscht werden kann. Der Brautführer macht mit dem Degen oder einem Stock drei Kreuze auf die Schwelle der Kirche, um so den Weg des Brautpaares ins gemeinsame Leben zu sichern. Ein Kreuz auf der Schulter des Geliebten sichert der Braut die immer während Liebe ihres Bräutigams. Den Sterbenden schützt das Kreuz. Dreifach wird es in den Sarg geritzt. Auf dem Grab errichtet, vertreibt es die bösen Geister. Schlägt das auf einem Grab errichtete Holunderkreuz aus, so wird der Verstorbene selig werden.

Wer das Haus verlässt, der setzt sich vielen Gefahren aus. Doch drei Kreuze in den Wanderstab geschnitzt sichern den Weg. Wer ganz sicher gehen will, kann sich als weitere Präventivmaßnahme ein Kreuz in die Schuhsohle ritzen – wie der Vater von Huckleberry Finn. Dieses hinterlässt auf den Wegen einen deutlich sichtbaren Abdruck und wehrt somit das Böse ab. Gefahr droht auch beim Baden in Seen und Flüssen. Denn die Meergeister, Sirenen, Nixen, Undinen und die Loreley wollen den Menschen in die Tiefe des Wassers ziehen. Goethes Ballade „Der Fischer" erzählt von dieser Gefahr. Der Fischer wäre nicht von der Nixe ins Wasser gezogen worden, wenn er sich bekreuzigt hätte. Denn der Volksglaube rät zur Prävention gegen den Wassergeist:

„Bekreuzt man sich beim Baden,
so kann einem der Nix nicht schaden."

Auch die Nahrung wird durch das Kreuzzeichen geschützt. Die ersten und die letzten Ähren werden kreuzweise aufs Feld gelegt. Aus Salz gestreute Kreuze schützen Mensch und Tier. Vor der Mahlzeit werden Speise und Trank mit dem Kreuz gesegnet und über dem frischen Brot macht man vor dem ersten Anschnitt ebenfalls ein Kreuzzeichen.

Mit dem Kreuz schützte man auch die Währung und die eigene Haut. Der Kreuzer war eine Münze mit einem Kreuz. Auch dieses Kreuz hatte die Aufgabe, seinem Besitzer Glück zu bringen. Sehr beliebt sind noch immer kleine Kreuze als Halsschmuck und Tätowierungen mit dem Kreuz. Ursprünglich waren die Kreuztattoos ein Schutzzeichen der Pilger. Wer nach dem heiligen Grab in Jerusalem aufbrach, der setzte sich auf dem langen Weg großen Gefahren aus. Das Kreuz auf dem Arm aber stellte den Pilger unter Gottes Schutz.

Bei vielen Naturvölkern ersetzte das Kreuz die älteren vorchristlichen Amulette und Schutzzeichen. So verband sich uralter Volksglaube mit dem Christentum. Der dänische Forscher Knud Rasmussen berichtet, wie die Eskimos (Inuit) aus dem Baffinland mit dem für sie neuen Symbol des Kreuzes umgingen:

„Man vereinfachte lediglich die Mehrzahl der alten Amulette dadurch, dass man sie durch das Kreuz ersetzte, durch kleine rührende Holzkreuze, die man aus Treibholz schnitzte und innen auf der Brust trug. Und ebenso gut, wie früher sowohl Menschen und Tiere durch die verborgenen Kräfte der Amulette gegen das Unglück geschützt wurden, hielt man es jetzt für genau so natürlich, dass auch die Hunde Kruzifixe um den Hals bekamen."

Aus der Welt der Tiere

Tiere, die das Kreuz tragen, gelten noch heute als heilig. So der Kreuzhirsch, die Kreuzotter und die Kreuzspinne. Die Kreuzspinne gehört zu den großen Radnetzspinnen. Sie haben ihren Namen von einer weißen Kreuzzeichnung auf dem Rücken. Die Kreuzspinne soll Glück bringen und vor Blitzen schützen und darf auf keinen Fall getötet werden. Im Volksmund heißt sie auch Muttergottestierchen. Als der Heilige Franz einmal der Einladung eines Bischofs folgte, berührte er mit der Schulter das kunstvoll gesponnene Netz einer Kreuzspinne und zerstörte es. So hielt er inne, ließ sich auch von seinen Gefährten nicht treiben, und reparierte zuerst das Spinnennetz.

Das Fährtenzeichen des Hirsches wird in der Jägersprache Kreuztritt genannt. Der Kreuzbock ist ein Rehbock mit einem auffälligen Gehörn: An ihm stehen sich Vorder- und Hinterspross mit einer Stange so gegenüber, dass sie ein Kreuz bilden. Dass Christus selbst in der Gestalt eines Hirsches erscheinen kann, will die Legende vom Heiligen Hubertus zeigen. Der Schutzpatron der Jäger stellte auf der Jagd einen kapitalen Bock. Doch in dem Moment, in dem er ihn erlegen wollte, erschien zwischen dem Geweih ein Kruzifix. Christus selbst sprach aus dem Maul des Hirsches und gebot dem Jäger Einhalt. Dass ausgerechnet der Heilige Hubertus zum Schutzpatron der Jäger wurde, wird dem Hirsch nicht gefallen haben. Wohl auch nicht, dass er heute mit seinem Kreuz zwischen dem Geweih für den Kräuterlikör „Jägermeister" aus Braunschweig Werbung machen muss.

Auch die bis zu 70 Zentimeter lange Kreuzotter gilt als heiliges Tier. Sie hat ihren Namen von einem dunklen Zickzackband längs der Rückenmitte. Der gelbe Längsstreifen auf dem Rücken gab der Kreuzkröte ihren Namen.

Die Legende weiß vom Kreuzschnabel zu erzählen: Der Anblick des Gekreuzigten habe sein Herz bewegt. Er wollte Jesus helfen, flog heran und versuchte die Nägel aus seinen Händen und Füßen zu ziehen. Bei diesem Liebesdienst habe er sich den Schnabel verbogen und die Brust mit Blut befleckt. Der Kreuzschnabel gehört zu einer Finkengattung mit starkem Schnabel. Die Schnabelspitzen liegen in Ruhestellung nicht auf-, sondern nebeneinander. Sie eignen sich besonders gut zum Öffnen von

Nadelholzzapfen. Die Männchen sind rötlich, die Weibchen und Jungtiere grünlich. Kreuzschnäbel werden gerne im Käfig gehalten. Sie gelten als Orakeltiere, sollen Hexen und Blitze abwehren und Krankheiten an sich ziehen und somit erkrankte Menschen heilen können.

Rituale

Wer sich bekreuzigt, stellt sich unter den Schutz Christi. Wenn der Priester das Kreuz über der Gemeinde schlägt, spricht er ihr den Segen Christi zu. Mit der Kraft des Kreuzes können auch die bösen Geister gebannt werden. Daher gehört zu jeder Teufelsaustreibung ein Kruzifix. Der Kirchenvater Johannes Chrysostomos begründete den Gebrauch des Kreuzes mit folgenden Worten:

„Deshalb zeichnen wir das Kreuz
voll Eifer an die Häuser, Wände und Fenster,
auf die Stirn und auf das Herz.
Ist es ja doch
das Sinnbild unserer gemeinsamen Befreiung
sowie der Güte unseres Herrn."

Viele Rituale werden durch das Kreuzzeichen begleitet: Der Katholik taucht beim Betreten seiner Kirche die rechte Hand in das Weihwasserbecken und bekreuzigt sich. Vor dem Altar mit dem Allerheiligsten macht er eine Verbeugung oder einen Kniefall und schlägt dabei das Kreuz. Schriftlesung, Messopferfeier und Schlusssegen werden gleichfalls durch das Kreuzzeichen begleitet. Doch ist das Kreuzzeichen keineswegs ein rein katholischer Brauch. Martin Luther empfiehlt die Bekreuzigung ausdrücklich nach dem Sprechen seines Morgen-

und Abendsegens. Der Pfarrer oder die Pastorin macht das Kreuzzeichen über Brot und Wein und segnet am Ende des Gottesdienstes die Gemeinde mit dem Zeichen des Kreuzes.

Wie jedes Symbol, so kann auch die Bekreuzigung zum bloßen Klischee erstarren. Sie erfolgt dann nur noch mechanisch und wird hohl. Daher rät der katholische Schriftsteller Romano Guardini zum achtsamen Umgang mit diesem Ritus und zur bewussten Wahrnehmung seiner spirituellen Wirkung:

„Du machst das Zeichen des Kreuzes, machst es recht.
Kein solch verkrüppeltes, hastiges,
bei dem man nicht weiß, was es bedeuten soll.
Nein, ein rechtes Kreuzzeichen,
langsam, groß, von der Stirn zur Brust,
von einer Schulter zur anderen.
Fühlst du, wie es dich ganz umfasst?
Sammle dich recht;
Alle Gedanken und dein ganzes Gemüt
Sammle in diesem Zeichen,
wie es geht von der Stirn zur Brust,
von Schulter zu Schulter.
Dann fühlst du es:
Ganz umspannt es dich, Leib und Seele;
Nimmt dich zusammen,
weiht dich,
heiligt dich.
Warum?
Es ist das Zeichen des Alls,
und ist das Zeichen der Erlösung."

In der Geschichte des Christentums haben sich kirchlicher Gebrauch des Kreuzes und Volksglaube immer wieder durchdrungen, wie der Ratschlag des Kirchenvaters Ephraim aus Syrien zeigt:

„Dieses Kreuz, ihr Christen,
unterlasst nicht,
zu jeder Zeit und Stunde
und an allen Orten mit euch herumzutragen.
Ohne dasselbe wollen wir nichts unternehmen,
sondern wir wollen,
ob wir schlafen oder wachen,
arbeiten oder ruhen,
essen oder trinken,
zu Lande reisen oder übers Meer fahren
und über die Ströme setzen,
alle Glieder mit diesem belebenden Zeichen schmücken.
Wenn du, mein Bruder,
das Kreuz zu deinem Schutz nimmst,
wird dich kein Übel treffen
und kein Unglück deiner Hütte nahen.
Denn wenn die feindseligen Mächte es erblicken,
so zittern und fliehen sie."

7. *Anstoß:* Die Wundmale

„Die ganze Menschheit, besonders Europa,
sollte zum La Verna und zum Berg der Kreuze
gehen, um die Verweltlichung überwinden zu
können."
Johannes Paul II. am Grab des Heiligen Franz

Franz von Assisi, der zweite Christus

Franz von Assisi wurde in einem Blitzverfahren heilig gesprochen. Das geschah unter Papst Gregor IX. im Jahr 1228. Mit
bürgerlichem Namen hieß dieser Papst Ugolino. Dass ihn die
Franziskaner bis auf den heutigen Tag lieben, merkte ich bei
einem Aufenthalt im Kloster Santa Maria degli Angeli. Hier
war ich zusammen mit meinem Freund Pater Franz OFM für
einige Tage Gast. Am ersten Abend stellten wir uns den ver-
sammelten Brüdern mit Namen vor. Sie hatten ihr Nachtmahl
schweigend eingenommen. Wohlwollend nickten alle, als
Franz seinen Namen nannte. Bei mir wurden sie stutzig.

Franz hatte mich vorgewarnt. „Uwe! Mein Gott", sagte er,
„das ist doch ein heidnischer Name. Kannst du nicht den Namen eines deiner Brüder annehmen?" Ich nannte die Namen
Volker und Karsten. Franz hob die Augen zum Himmel und
bekreuzigte sich. Also nannte ich meinen Namen, den kein
Italiener aussprechen kann. Ich musste ihn zwei Mal wiederholen. Dann brachen alle Brüder in schallendes Gelächter aus
und riefen „Ugolino!"

Durch Franz lernte ich die Geheimnisse des Rosenkran-
zes und die rechte katholische Bekreuzigung. Während einer
Messfeier bekreuzigte ich mich eifrig. Zuerst nicht aus Überzeugung, sondern weil es mir aus Respekt vor den Gastgebern

geboten schien. Ich fand Gefallen an diesem Akt der Inkulturation und vollzog schließlich große schwingende Bewegungen über dem Brustkorb. Franz beobachtete mich aus den Augenwinkeln. Ihm sei dabei fast das Herz stehen geblieben, sagte er später. Ich hatte ein „russisches Kreuz" geschlagen, bei dem die Hand auf der linken Brust über dem Herzen zur Ruhe kommt. Gelebte Ökumene ist spannend, besonders wenn man in den Dunstkreis des Heiligen Franz getreten ist.

Franz von Assisi ist eine Ausnahmeerscheinung unter den Heiligen. Er erfand das Krippenspiel. Er konnte einige Zentimeter über dem Boden schweben (Levitation). Er trug die Wundmale Jesu.

Kreuze sind Wegmarken auf den verschlungenen Pfaden des Lebens. Wenn sie in Form einer offenen Wunde an Händen, Füßen und am rechten Rippenbogen erscheinen, spricht man von Stigmata. Das griechische Wort „stigma" bedeutet „Zeichen". Die fünf Wundmale Jesu sind die fünf Stigmata. Dass die Stigmata nach seiner Auferstehung nicht verschwanden, hat eine gewichtige Bedeutung. Die Wunden, die das Leben schlug, gehen ein in den Auferstehungsleib. Was ein Mensch gewesen ist, wird nicht ausgelöscht oder aufgehoben, sondern verwandelt und verklärt.

Seit seiner Bekehrung trug Franz von Assisi die Wundmale Christi im Herzen. Am Ende seines Lebens wandelte sich auch sein Körper. Der Heilige starb erblindet und bis zum Skelett abgemagert. Er war zu einem „zweiten Christus" („alter christus") geworden.

Über Ort und Vorgang der Stigmatisierung gibt es zeitgenössische Aufzeichnungen. Die Verwandlung geschah auf dem Gipfel des Berges Alverna (1128 m) am Südwesthang des Monte Penna. Hier steht noch heute das Kloster La Verna. Das genaue Datum der Stigmatisierung ist strittig. Vielleicht war es tatsächlich jener 17. September 1224, vielleicht war es zwei Jahre später kurz vor seinem Tod – da sah der Heilige einen gekreuzigten Engel mit sechs Flügeln. Zwischen den Flügeln des Seraphen erschien die Gestalt des Gekreuzigten. Sein Anblick verwandelte den Heiligen: An Händen, Füßen und der rechten Seite bildeten sich die Wundmale Jesu. Bonaventura (1221–1274) beschreibt sie so:

„Seine Hände und Füße waren in der Mitte von Nägeln durchbohrt; die runden schwarzen Nagelköpfe waren auf dem Rücken der Hände und Füße zu sehen, während die ziemlich langen Spitzen auf der anderen Seite zum Vorschein kamen und umgebogen waren und das übrige Fleisch, aus dem sie heraustraten, überragten. Auch hatte er an seiner rechten Seite eine rote Wunde, als wäre er von einer Lanze durchbohrt, und oft floss Blut daraus hervor, das sein Unterkleid und alles, was er auf den Lenden trug, durchtränkte."

Als kleines Kind war Bonaventura schwer erkrankt. Die Mutter brachte den Knaben auf den Berg Alverna, wo er durch Franz geheilt wurde. Die Legende will, dass der spätere Generalminister seinen Ordensnamen direkt vom Heiligen Franz erhalten habe: „O buona ventura!", „Siehe den guten Wind!", soll der Sterbende beim Anblick des Kindes ausgerufen haben. Bonaventura wurde später ebenfalls heiliggesprochen und erhielt den Ehrennamen eines „doctor seraphicus" oder „engelgleichen Lehrers".

Der gekreuzigte Engel, so berichtet Bonaventura, überbrachte Franz eine Botschaft. Zu Lebzeiten des Heiligen wussten nur seine engsten Anhänger von diesen geheimnisvollen Wunden, und über die Worte des Engels wagte auch später niemand offen zu sprechen. Der Ort der Vision kann noch heute besichtigt werden. Er bildet das zentrale Heiligtum der Franziskaner.

„Auf der ganzen Welt gibt es keinen heiligeren Berg" – so lautet die Inschrift über dem mittelalterlichen Eingang zum Klosterbezirk auf dem Alverna. Über der Stelle, wo der Engel erschienen war, wurde bald die Kirche der Stigmata errichtet und dem Engel Michael geweiht. War er in Gestalt des gekreuzigten Engels erschienen? Franz jedenfalls trug dem Bruder Rufinus unmittelbar nach der Vision auf, den Stein, auf dem der gekreuzigte Engel gestanden hatte, zu waschen und mit Öl zu salben. Der Stein liegt heute unter Panzerglas in der Kirche der Stigmata. Jeden Tag findet an diesem Ort der Wandlung zur Sterbestunde Jesu (15.00 Uhr) eine Prozession statt. Dabei singen die Brüder die Lauretanische Litanei zu Ehren der Muttergottes. Sie wird als „unbefleckte Empfängnis" angesprochen, frei von der Erbsünde und ihren Folgen.

Franz war der erste Stigmatisierte. Der Wissenschaftler und Franz-Forscher Helmut Feld kommentiert die Entstehung der Wundmale:

„Ich halte es dagegen für wahrscheinlicher, dass sich Franziskus, in dem abnormen und krankhaft-ekstatischen Zustand, in den er sich wochenlang hineinsteigerte, die Male auf mechanische Weise beibrachte. Die Seitenwunde sonderte Blut ab, wann immer und weil er sie offen hielt. Dafür spricht seine Gereiztheit, wenn ihn jemand nach den Blutflecken auf seiner Kutte fragte. Denjenigen, die seine Hände und Füße genau betrachteten, fiel auf, dass sich unter der Haut dunkle Gebilde befanden. Sie ragten etwas hervor und sahen an den Innenseiten der Hände und den Oberseiten der Füße aus wie Köpfe von Nägeln; an den entgegengesetzen Seiten schienen die Spitzen der Nägel hervorzustehen. Die Biografen betonen zwar mehrfach, dass die betreffenden Gebilde aus Fleisch waren. Doch liegt der Verdacht nahe, dass es verkapselte Holzpflöcke waren."

Dergleichen Erklärungsmuster waren einmal unter den Theologen modern. Die Kirche folgte diesem Zeitgeist leider zum großen Schaden der Gemeinden. Schließlich hatte sie die ganze wunderbare Welt der Heiligen und Engel entzaubert. Übrig blieb vielerorts blanker Moralismus von Besserwissern. Christentum aber ist weit mehr als Moral.

Gewiss hat sich Franz die Wundmale nicht selbst zugefügt. Dergleichen Betrugsmanöver hatte der Heilige nicht nötig. Auf dem Berg Alverna wurde äußerlich sichtbar, was sich in der Seele des Heiligen bereits innerlich vollzogen hatte: Durch die Entflammung seiner Seele, so kommentierte später der Heilige Bonaventura, wurde Franz in die vollkommene Ähnlichkeit mit Christus verwandelt. Bei Franz von Assisi kann die Ökumene wieder die Kraft einer echten seraphischen Existenz erfahren. Sie kennt keine Berührungsängste, auch nicht mit Schmerz und Kreuz.

Anna Katharina Emmerick und Pater Pio

Anna Katharina Emmerick gilt als „Mystikerin des Münsterlandes". Als der romantische Dichter und Konvertit Clemens von Brentano von ihren Visionen hörte, gab er seine eigene schriftstellerische Tätigkeit auf. Für sechs Jahre zog er in die Nähe der Gezeichneten und stellte sich in ihren Dienst. Auf über 16000 großen Blättern schrieb er auf, was sie im Geiste sah. Alle echten Stigmatisierten hatten eine Begabung für hohe Empathie. Anna Katharina Emmerick konnte sich in die Zeit Jesu und seiner Mutter Maria zurückversetzen und Szenen aus deren Alltagsleben schauen. Was sie Clemens von Brentano in die Feder diktierte, waren Ergebnisse einer spirituellen Einfühlung in das Leben Jesu.

Wie sah das Zimmer aus, in dem sich Maria und Gabriel

begegneten? Wo wohnte Jesus? Wie waren die Straßenverhältnisse zu seiner Zeit? Wo die Bibel nur Andeutungen machte, wo sie schwieg oder einfach zu wenig erzählte, da erfühlten und füllten Anna Katharina Emmericks Visionen die Leerstellen. Skeptiker witterten einen Betrug, und so wurde die Gezeichnete von Ärzten untersucht. Auch der Vatikan reagierte gegenüber der Stigmatisierten zuerst mit Zurückhaltung. Anna Katharina Emmerick wurde im Jahre 2004 durch Johannes Paul II. selig gesprochen. Unter dem Titel „Das Gelübde" (2008) verfilmte Dominik Graf die Begegnung zwischen dem Dichter und der Seherin.

Insgesamt sind 13 Stigmatisierte als Heilige anerkannt worden, darunter der Kapuzinerpater Padre Pio. Padre Pio wurde am 20. September 1918 stigmatisiert. Sein Grab in San Giovanni Rotondo am Fuße des Garganogebirges ist die größte christliche Wallfahrtsstätte in Europa. Sie wird von über acht Millionen Menschen pro Jahr besucht. Das sind mehr Pilger, als nach Lourdes, Fatima oder Assisi kommen. Padre Pio ist in Italien der mit Abstand beliebteste Heilige. In beinahe jeder Bar, beim Friseur, in jedem Taxi oder Bus findet sich sein Bild. 800 Webseiten sind ihm gewidmet.

Von den zahlreichen Spendengeldern, die Pater Pio erhielt, gründete er 1956 ein Krankenhaus, die „Casa Sollievo della Sofferenza", das Haus zur Linderung des Leidens. Ihm selbst werden wunderbare Kräfte zugesprochen. So soll er durch die Macht seines Gebetes auch an Krebs Erkrankte geheilt haben.

Die Erlösung der gefallenen Engel

Der Körper des Stigmatisierten verwandelt sich in den Leib des Gottessohnes. Diese Wandlung ist manchen ein Ärgernis, anderen ist sie reine Torheit. Viele Gläubige führen die Stigmata der Heiligen auf ein Wunder zurück. Andere bleiben skeptisch und vermuten eine natürliche Ursache wie Autosuggestion, Betrug oder Selbstverletzung. Den symbolischen Sinn der Wundmale als Erinnerung an die Wundmale Jesu berührt das nicht.

Wie aber sahen die Stigmata Jesu aus? Er trug sie nicht in den Innenflächen der Hände, sondern zwischen den Handwurzelknochen. Bei einer Kreuzigung wurden die Nägel niemals in die Handflächen eingeschlagen, weil diese unter dem Gewicht des Körpers gerissen wären. Dagegen befindet sich historisch korrekt auf dem Turiner Grabtuch der Abdruck eines Nagels am rechten Unterarm.

Die Stigmata des Heiligen Franz entsprangen dem inneren Bild, das er in seiner Vision geschaut hatte. Aus ihm wuchs die Kraft der Verwandlung. Sie reichte tiefer, als es die Kirche geduldet hätte. Deshalb teilte man die Botschaft des gekreuzigten Engels nur hinter vorgehaltener Hand mit. Was hatte der wunderschöne sechsflügelige Bote gesagt?

Im Sommer 1305 weilte der Franziskaner Ubertino von Casale auf dem Alverna und schrieb hier an seinem Buch über das Kreuz als Lebensbaum („arbor vitae crucifixae Jesu"). Umberto Eco berichtet über dieses papstkritische Buch und nimmt die Gestalt des Ubertino von Casale in seinen Roman „Der Name der Rose" (1982) auf. Ubertino schreibt:

„Ich begriff, dass dem hochheiligen Vater offenbart worden war, er sei in besonderer Weise in die Welt gesandt worden, um die Ruine des seraphischen Ranges wiederherzustellen. Denn es ist kein Zweifel, dass Lucifer diesem Rang angehört hätte, wenn er standgehalten hätte, und zwar als Ranghöchster. Deshalb nimmt man an, er habe eine große Verwüstung bei den ihm Unterstellten in diesem Rang angerichtet, die von den in Flammen stehenden Gliedern Jesu einmal wieder geheilt werden muss."

Worum geht es? Es geht noch einmal um das alte Symbol des Lebensbaumes, um Sünde und Erlösung, um den ersten Adam und den zweiten Adam und die Frage, wie weit die Macht der Verwandlung reicht. Das Kreuz ist der neue Lebensbaum, errichtet über dem Grab Adams. Die Kirche lehrte, dass Christus am Karsamstag hinabgestiegen sei in das Reich des Todes und Adam aus der Vorhölle befreit habe. Hier waren nach altem Glauben alle Menschen guten Willens versammelt, die vor dem Erscheinen Christi gestorben waren. Noch der sechs Jahre alte Johann Wolfgang Goethe schrieb nach Aufforderung durch seinen Vater zu diesem Glaubensbekenntnis („Hinabgestiegen in das Reich des Todes") ein kleines dramatisches Gedicht.

Christus war also gekommen, die Sünde zu sühnen und die gefallene Menschheit der Lebenden und der Toten wieder zu Gott zu führen. Wer aber würde die gefallenen Engel erlösen? Denn auch das war kirchliche Lehre: Dem Sturz des Menschen auf Erden war der Engelsturz im Himmel vorausgegangen.

War Christus nur gekommen, um die Menschen zu erlösen? Er hatte sie von den Dämonen befreit. Nun irrten sie als Schattengestalten auf der Erde herum. Warum wurden nicht auch sie erlöst? Diese Frage beunruhigte auch den Heiligen Franz. Er lehrte die Versöhnung, die Verwandlung der Welt durch die Liebe. Kein Wort von einer dunklen Seite Gottes findet sich in dem berühmten Lobpreis, den er für Bruder Leo aufgeschrieben hat. Wenn Gott nur Liebe war, wie konnten dann die Dämonen endgültig von der Erlösung ausgeschlossen sein? So lehrte und lehrt es die Kirche. Wer wie der Kirchenvater Origenes von der Allversöhnung zu sprechen wagte, der wurde in den Kirchenbann gesetzt. Hüllte sich der Heilige Franz aus diesem Grund in Schweigen?

Der gekreuzigte Gottessohn war gekommen, den gefallenen

Menschen zu erlösen. Nun erschien der gekreuzigte Seraph, um den gefallenen Engel zu retten. Im Kreuz berühren und durchdringen sich Himmel und Erde zu neuer Einheit. Sie wird eines Tages die gesamte geschaffene Welt umfassen. Das war vielleicht der Inhalt der Vision des Heiligen. Ihm ging es um die Verwandlung der Schöpfung. Sie würde am Ende alles durchdrungen haben. Das glaubte Franz. Aber das durfte niemand laut sagen.

Andererseits wusste Franz sehr genau: Es gibt Menschen und gefallene Engel, die sich mit aller Macht gegen ihre Geborgenheit im Kreuz wehren. Die Rechnung der Allversöhnung ging für den Heiligen nicht auf. Seinem Vater gegenüber blieb er bis zum Lebensende ohne ersichtlichen Grund unversöhnt.

Geheimnis der Wandlung

Das große Geheimnis der Verwandlung vollzieht sich im Messopfer unter dem Zeichen des Kreuzes. Hier ist der gekreuzigte und auferstandene Gott leibhaftig gegenwärtig. Ziel aller Wandlung an Leib und Seele ist die Gleichförmigkeit, ja Gleichartigkeit mit Christus, von der Paulus (Galater 2,20) sagt:

„Nicht mehr ich lebe, sondern Christus lebt in mir."

Wahrscheinlich trug auch Paulus die Stigmata. Er missionierte im Gebiet der heutigen Türkei, predigte in Athen, erlitt vor Malta Schiffbruch und starb den Märtyrertod in Rom. Die Biografie des Paulus zeigt einen radikalen Wandlungsprozess vom Christenverfolger zum Bekenner. Doch auch eine Konversion verändert den Charakter nicht. Paulus blieb, der er war: ein Eiferer. Die moderne Evangelische Theologie in der zweiten Hälfte des 20. Jahrhunderts hatte ganz auf ihn gesetzt und damit die Vielfalt des Sagens und Singens von den Kirchenvätern bis zu den modernen Heiligen ausgeblendet. Das Ergebnis sehen wir heute jeden Sonntagmorgen in den leergepredigten Kirchen.

Während der Heilige Franz seine Wundmale vor den Augen der Besucher zu verbergen sucht, stellt sie Paulus demonstrativ heraus. Er instrumentalisiert sie gleichsam, um seine Autorität zu unterstreichen. Paulus hatte einen keltischen Stamm im Gebiet des heutigen Ankara zum Christentum bekehrt. In einem Brief (Galater 6,14–17) wehrt er sich zunächst gegen den Vorwurf der Überheblichkeit und schreibt:

„Es sei aber fern von mir, mich zu rühmen
als allein des Kreuzes unseres Herrn Jesus Christus,
durch den mir die Welt gekreuzigt ist
und ich der Welt."

Wenige Sätze weiter hebt er jedoch seinen besonderen Rang hervor, indem er auf seine Wundmale verweist:

„Hinfort mache mir niemand weiter Mühe;
denn ich trage die Malzeichen Jesu an meinem Leibe."

Das klingt nach Erpressung. Verwandlung braucht keine sichtbaren Stigmata, damit Gott im Menschen und der Mensch in Gott lebt. Die alten Kirchenväter benutzen für diese mystische Verwandlung das Bild des Platztausches. Cyprian gehörte mit Tertullian und Augustin zu den nordafrikanischen Christen mit einem großen Einfluss auf das Abendland. Cyprian bekehrte sich zum Christentum und wurde Bischof von Karthago im heutigen Tunesien. Von ihm stammt der Spruch:

„Was der Mensch ist,
das wollte Christus sein,
damit der Mensch sein könnte,
was Christus ist."

In einer Zeit der Christenverfolgung ging der Bischof in den Untergrund, während andere Gemeindemitglieder das Martyrium erlitten. Die Nachfolge des Bischofs reichte also nicht bis zum Kreuz. Nach dem Ende der Verfolgung gab es Debatten in den Gemeinden, wie mit den vom Glauben „Gefallenen" („lapsi") zu verfahren sei. Sollten sie wieder in die Gemeinde aufgenommen werden? Der Bischof trat für ein Ritual der Entsühnung ein. In einer erneuten Verfolgung unter Kaiser Valerian stellte er sich den Römern. Cyprian wurde enthauptet. Ein sehr milder Tod im Vergleich zu den Torturen der einfachen Christen.

Wie Nordafrika, so gehörte das Gebiet der heutigen Türkei zu den christlichen Kernländern. Gregor von Nazianz, Basilius der Große und Gregor von Nyssa werden als kappadokische Väter bezeichnet. Gregors Vater war als Jude zum Christentum übergetreten. Er wurde Bischof von Nazianz. Sein Sohn Gregor sagt über das Mysterium der Einheit von Mensch und Gott:

„Er ist so sehr Mensch deinetwegen,
damit du Gott werdest seinetwegen."

Berg der Kreuze

Kreuzberge waren ursprünglich Pilgerorte. Oben auf dem Berg stand ein Kloster oder eine kleine Kapelle. Der Weg auf den Berg führte über verschiedene Kreuzwegstationen zur Erinnerung an den Leidensweg Jesu. Über 60 000 Kreuze stehen auf dem Berg der Kreuze („Kriziu Kalnas") in Litauen. Er liegt zehn Kilometer vor der Stadt Siauliai (Schaulen), an der Straße in Richtung Riga. Der Berg der Kreuze ist ein nationales und religiöses Symbol der Litauer. Im 14. Jahrhundert diente er als Festung im Kampf gegen die Kreuzritter des livländischen Ordens. Später erinnerten die Kreuze auf diesem Hügel an die Aufstände gegen die russischen Zaren und an die zahlreichen Litauer, die nach Sibirien deportiert worden waren.

Seit dem Ende des 19. Jahrhunderts ist der Berg der Kreuze als Wallfahrtsort über Litauens Grenzen hinaus bekannt. In der Zeit der sowjetischen Besatzung wurde ein Drittel der Bevölkerung Litauens getötet oder verbannt. Zum Gedenken an die Deportierten errichteten die Angehörigen Kreuze. Immer wieder wurde der Berg der Kreuze von den russischen Besatzern mit Bulldozern niedergewalzt. Seit dem Zusammenbruch der Sowjetunion ist er ein Ort der Erinnerung an die Opfer der Gewaltherrschaft in Ost und West. Franziskaner, die seit dem 13. Jahrhundert in Litauen leben, haben ein „Haus der Stille" am Fuß des Berges gegründet und eine Patenschaft mit dem La Verna, dem heiligen Berg ihres Ordens, gegründet.

8. Anstoß: Die Ritter

> „Liebe und Wissen um Geliebtsein steigern eige-
> ne Kraft in einem alles Dunkel auflichtenden,
> alle Last erleichternden, Jugend an den Tag rufen-
> den Maß. Ohne Leid und Schicksal wäre das Sich-
> erfüllen nicht bis zur Genüge ausgeschöpft."
> *Friedrich Ohly.*
> Glück eines Gefangenen mit Puschkin und Steinen

Auf dem Rittertag in Nürnberg

Treue, Ehre und Beständigkeit, Güte und Liebe – das waren ritterliche Tugenden, die ich einst in den Seminaren von
Friedrich Ohly kennengelernt hatte. Der Lehrer für Mystik
und Mittelalter hatte den Weltkrieg und neun Jahre Arbeits-
lager in russischen Steinbrüchen überlebt. Er wusste, wovon
er sprach, wenn er noch einmal die geistige Welt der Ritter
aufleben ließ. Friedrich Ohly gehörte wie Kurt Aland zu den
letzten seiner Art, ein großer Liebender wie der „Don Quijo-
te" des Miguel de Cervantes. Ich hatte die vierteilige Verfil-
mung des Buches durch Walter Ulbrich gesehen. Josef Mein-
rad verkörperte mit seiner hageren, hohen Gestalt die edle
Gesinnung und zugleich tragische Gebrochenheit des Ritters
von der traurigen Gestalt.

Das Ziel aller ritterlichen Tugendausübung liegt außerhalb
der Zeit. Es ist die Seligkeit („saelde") und das ewige Leben
in der Anschauung Gottes. Dass es in unseren Tagen außerhalb der Fantasy-Welten noch Ritter gibt, erfuhr ich erst durch
eine Einladung zu einem echten Rittertag. Das kam so: 1995
hatte ich in der Berliner Kaiser-Friedrich-Gedächtnis-Kirche
im Beisein des damaligen Bundespräsidenten Roman Herzog

einen Vortrag gehalten. Er trug den Titel „Wohin geht die Kirche?" Etwas vollmundig sagte ich:

„Die Krise der Kirche ist ihre eigene Glaubenskrise. Die törichten Jungfrauen rechnen nicht mehr mit der Wiederkehr ihres Bräutigams. So wird die geräumte Stellung von Heilslehrern aus dem Himalaja und neuen Gralspriestern besetzt. Überall keimt die Sehnsucht nach Sinn und neuer Spiritualität. Die Sehnsucht der Menschen nach Transzendenz und Boten aus der anderen Welt erwartet von den Kirchen keine Antwort mehr. Diese Gleichgültigkeit nagt am Selbstbewusstsein unserer Pfarrerinnen und Pfarrer. Die schreckliche Empfindung, buchstäblich überflüssig zu sein, macht vielen Priestern den Sinn einer zölibatären Existenz zweifelhaft."

Unter den Zuhörenden saß auch der 36. Herrenmeister des Johanniterordens, Wilhelm Karl Prinz von Preußen. Irgendwie mochte er meine Erscheinung in langem lockigen Haar und mit konservativer Gesinnung. Er lud mich zum erneuten Vortrag meiner Rede zum Rittertag nach Nürnberg ein. Ein Erlebnis besonderer Art war der zweistündige Gottesdienst am folgenden Morgen. Ich hatte mir morgens im Hotel die Haare gewaschen. Sie waren noch etwas feucht, die Sebaldus-Kirche bitterkalt und zugig. Vor dem Einzug der Ritter war ich so frei, gegenüber einer Ritterdame meine Besorgnis über eine mögliche Erkältung zu äußern, worauf sie mich aufklärte: „In Bayern sagen wir: Den Guten trifft's nicht, und wenn's den Schlechten trifft, ist's nicht schade drum!"

Ordensdekan Ruprecht Graf zu Castell-Rüdenhausen, ein württembergischer Militärgeistlicher und guter Bekannter des Landesbischofs der Hannoverschen Landeskirche in der Zeit vor Margot Käßmann, führte den Ritterzug an. Die Herren trugen den schwarzen Umhang mit weißem Kreuz über der

Brust. Es hat acht Ecken und verweist damit auf die acht Tugenden nach der Lehre der Bergpredigt.

Die jungen Ehrenritter werden auf das für die Ordensregel wegweisende Wort der Heiligen Schrift verpflichtet: „Ziehet an den Harnisch Gottes, dass ihr bestehen könnt gegen die listigen Anläufe des Teufels. Denn wir haben nicht mit Fleisch und Blut zu kämpfen, sondern mit Fürsten und Gewaltigen, nämlich mit den Herren der Welt." Nach diesen Worten aus dem Epheserbrief 6,10–7 begrüßte der Kommendator die neu aufgenommenen Ehrenritter stehend: „Wir alle empfangen Sie in dieser Stunde mit Freude als die Unsrigen." Dann reichte er ihnen die Hand.

Dem Gottesdienst folgte eine geheime Versammlung der Ritter. „Lassen Sie sich zum Ritter schlagen!", hatte mir mein Schulleiter mit dem Dispens von der Lehrtätigkeit am Gymnasium Andreanum auf den Weg gegeben. Der Ritterschlag erfolgte nicht, aber ich hatte die einmalige Gelegenheit als einziger Ritter im Geiste am sogenannten Damenprogramm teilzunehmen. Das war mir Ehre genug.

Johanniter

Im Jahr 637 zog Kalif Umar ibn al-Chattab auf einem Dromedar in das eroberte Jerusalem ein. Damit begann die lange muslimische Herrschaft über die christlichen Stätten. Als Papst Urban II. auf dem Konzil von Clermont (18.–27. November 1095) zum ersten Kreuzzug aufrief, hefteten sich viele Ritter ein Kreuz auf ihre Rüstung und trabten durch Südosteuropa in Richtung Jerusalem. Die heilige Stadt war seit Jahrhunderten Ziel frommer Pilger gewesen. Einer von ihnen, Peter der Einsiedler genannt, hatte in der Grabeskapelle die Stimme Jesu vernommen, die ihn zur Befreiung des Heiligen Grabes von den Muslimen aufforderte. Der Islam hatte sich rasch über den Vorderen Orient, Nordafrika bis nach Spanien und Südfrankreich ausgebreitet. Die Vorstellung von einer muslimischen Eroberung Europas war nicht nur Ausdruck von Fremdenhass. Bekanntlich verstehen sich die Hauptströmungen im Islam als letzte, höchste und abschließende Stufenfolge einer Offenbarung mit dem entsprechenden Absolutheitsanspruch.

Die Kreuzritter folgten nicht nur ritterlichen Motiven. Viele waren besitzlose Adlige, sie suchten Abenteuer und Reichtum oder entflohen einfach einer unerträglichen Situation im eigenen Land. Andere waren von Weltuntergangsängsten und Sündenbewusstsein getrieben und wollten durch die bewaffnete Wallfahrt nach Jerusalem ihr ewiges Schicksal positiv beeinflussen.

Die Idee des Rittertums brachte eigene Vorbilder hervor: Der Heilige Jakobus von Santiago de Compostela wurde der „Maurentöter". Den Erzengel Michael stellte man gerne mit einer Ritterrüstung dar ebenso wie seinen irdischen Mitspieler, den Ritter Georg. Sie symbolisierten einen neuen Typos des christlichen Helden in der Nachfolge des Gekreuzigten: Der Märtyrer hatte durch sein Leiden gegen die politischen Ansprüche seiner Gegner protestiert, der Einsiedler hatte sich aus Protest in die Wüste zurückgezogen, der Ritter aber war ein Symbol der Wehrhaftigkeit: wie der Erzengel Michael und der legendäre Ritter Georg, so trug auch er das Schwert.

Das Ideal des Ritters ist verknüpft mit den Fragen: Wem will ich dienen? Wofür lohnt es sich zu kämpfen? Das Schwert des modernen Ritters ist nicht mehr aus Stahl, sondern aus Licht. Es ist das Schwert der Klarheit und der Unterscheidung, das Schwert des Geistes, mit dem Wahrheit und Lüge, Gerechtigkeit und Ungerechtigkeit, Liebe und Hass deutlich unterschieden werden.

Mit den Kreuzzügen entstanden im 12./13. Jahrhundert die geistlichen Ritterorden: Templer, Johanniter und der Deutsche Orden. Zu ihren Aufgaben gehörten die Pilgerbetreuung, die Krankenpflege, Armenfürsorge, Schutz des Heiligen Landes und der Kampf gegen die Heiden. Die geistlichen Ritter legten neben den traditionellen Gelübden der Mönche – Armut, Keuschheit und Gehorsam – ein viertes Gelübde ab: die Verpflichtung zum Waffendienst für die Christenheit.

Als Akkon, die Festung der Kreuzritter auf der Landzunge am Nordrand der Bucht von Haifa, gefallen war (1291), bildeten die Johanniter erst auf Zypern, dann auf Rhodos und seit 1530 auf Malta einen eigenen Ordensstaat. Nach der Insel Malta wurde auch der katholische Zweig des Ordens, die Malteser, benannt. In Preußen entstand 1812/52 ein evangelischer Johanniterorden. Beide Orden unterhalten heute Krankenhäuser, Altenheime und andere diakonische Einrichtungen.

Rotes Kreuz

Das Rote Kreuz wurde auf Anregung des Schweizer Philanthropen Henri Dunant in Genf gegründet. Dunant hatte mit seiner Firma für Getreidemühlen ein Vermögen verdient. Wohl zufällig wurde er 1859 Augenzeuge eines Gemetzels zwischen den Truppen Frankreichs und Sardiniens und den Truppen Österreichs. Henri Dunant sah das Schlachtfeld von Solferino mit über 40000 Toten und zahllosen Verletzen. Er wollte helfen und war tief erschüttert wegen seiner Ohnmacht vor der Größe des Leidens. Seine Hilflosigkeit wurde zu einer Kreuzerfahrung. So nahm sein Leben eine radikale Wende. Drei Jahre später schildert er das Elend der Kriegsverletzten in seinem Buch „Un souvenir de Solférino – Eine Erinnerung an Solferino" (1862). Die ungeschminkte Darstellung der Gräuel übertrifft den Realismus der berühmten Kriegstagebücher von Ernst Jünger aus dem Ersten Weltkrieg.

Im Zeichen des Kreuzes wollte er humanitäre und medizinische Hilfe jenseits aller militärischen Fronten bringen. Im Jahre 1864 wurde auf seine Anregung in Genf das Internationale Komitee vom Roten Kreuz (IKRK) geschaffen. Seine Satzungen sind die Genfer Konventionen zum Schutz von Verwundeten, Kriegsgefangenen und der Zivilbevölkerung in Kriegszeiten. Das IRKK wurde für seine humanitäre Arbeit in den Jahren 1917, 1944 und 1963 mit dem Friedensnobelpreis ausgezeichnet.

Henri Dunant geriet bereits zu Lebzeiten in Vergessenheit. Seine Firma machte bankrott. Er fiel in eine tiefe Krise und lebte seit 1892 völlig verarmt in dem Spital von Heiden. Hier entdeckte ihn 1895 ein Journalist. 1901 erfuhr Henri Dunant eine späte Ehrung seines Lebenswerkes, als ihm der erste Friedensnobelpreis zuerkannt wurde.

In den Weltkriegen des 20. Jahrhunderts richtete das Rote Kreuz eine Zentralauskunftsstelle über Kriegsgefangene, Verschollene und Inhaftierte ein. Das Rote Kreuz organisiert den Austausch von Gefangenen, versucht die Leiden durch medizinische und humanitäre Hilfe zu mildern. Es hilft bei Katastrophen, organisiert Blutspenden und unterhält Krankenhäuser. In islamischen Ländern wird es Roter Halbmond genannt, im Iran hieß es zwischen 1924 und 1980 Roter Löwe. Israels Roter Davidstern ist dagegen nicht durch das Genfer Abkommen anerkannt.

Über den Ursprung des berühmten roten Kreuzes auf weißem Untergrund gibt es verschiedene Theorien. Seit 1095 trugen die Kreuzfahrer ein rotes Kreuz als Heerzeichen. In der Malerei des Mittelalters ist die weiße Fahne mit einem roten Kreuz das Zeichen des Sieges über den Tod und damit das

Symbol der Auferstehung. Deshalb wird das rote Kreuz auf weißem Grund auch als Osterfahne bezeichnet. Auf seinem Bild „Christus in der Vorhölle" (Alte Pinakothek, München) zeigt Giotto, wie Christus mit der Siegesfahne in die Unterwelt steigt, um die Toten wieder ins Leben zu rufen.

Die Schweizer dagegen sind fest davon überzeugt, dass Henri Dunant die Farben der Schweizer Nationalflagge bewusst umkehrte. Eine andere Theorie geht davon aus, dass Dunant auf dem Schlachtfeld von Solfernio Mitgliedern des Ordens der Kamillianer begegnet ist. Dieser Orden widmet sich besonders der Krankenpflege. Er geht zurück auf Kamillus von Lellis, den Schutzpatron der Kranken und Krankenhäuser. Die Ordensmitglieder und die Kamillianerinnen („Kongregation der Töchter des heiligen Kamillus") tragen ein rotes Kreuz auf ihrem Gewand. Heute unterhalten sie Krankenhäuser, wie die neurologische Kamillus-Klinik in Asbach/Westerwald, und widmen sich besonders den an Multiple-Sklerose Erkrankten. Der Ordensgründer wird seit 1976 auch als Schutzpatron der Träger von Herzschrittmachern angerufen. In der Sterbelitanei ist sein Name seit alters her gegenwärtig.

Blaues Kreuz

Viele heilige Männer und Frauen hatten ein asketisches Leben geführt. Einige enthielten sich des Genusses von Alkohol und Fleisch. Auch Johannes der Täufer nahm weder Wein noch „starke Getränke" zu sich. Er predigte in der Wüste und rief seine Zeitgenossen zu Buße und Umkehr auf. Tiefer Glaube und die Freude an einem guten Tropfen müssen sich nicht ausschließen. Jesus selbst hat Wein getrunken, und Martin Luther liebte das Torgauer Bier. Dennoch weiß jeder: Alkohol enthemmt, berauscht und kann in die Abhängigkeit führen.

Das Blaue Kreuz ist eine Selbsthilfeorganisation von Suchtkranken. Im Zeichen des blauen Kreuzes versuchen sie besonders gegen den Alkoholmissbrauch zu kämpfen. Das Blaue Kreuz ist in Deutschland in 17 Landesverbänden organisiert. Diese haben mehr als 20000 Mitglieder in 1200 Selbsthilfegruppen. Das Blaue Kreuz wurde am 21. September 1877 in Genf von dem Schweizer Pfarrer Louis-Lucien Rochat (1849–1917) und 27 weiteren Personen gegründet. Der reformierte Pfarrer verfasste eine Programmschrift unter dem Titel „Unsere Grundsätze und Gottes Wort" (1883). Gemeinsam verpflichteten sich die Gründungsmitglieder zur Enthaltsamkeit vom Alkohol. Ihre Aufgabe verglichen sie mit dem Dienst der „Rotkreuzler" auf dem Schlachtfeld:

„Wir sind Krankenträger, die sich auf den Kampfplatz des Lebens begeben, um die Opfer der Trunksucht und des Wirtshauslebens zu retten."

Der erste Blaukreuz-Verein in Deutschland wurde am 5. Oktober 1885 in Hagen von dem Schweizer Pfarrer Arnold Bovet gegründet. Bovets Missionsschwerpunkt blieben jedoch die Alkoholiker von Bern und die Arbeiter des Lötschbergtunnels. Auch er schrieb ein Buch gegen die Trunksucht unter dem Titel „Heraus aus dem Wirtshaus. Wort an christliche Volksfreunde" (1892).

Sein eifrigster Missionar war Curt von Knobelsdorff, der selbst immer wieder mit Alkoholproblemen zu kämpfen hatte. Der preußische Offizier war ein großer Zecher, wollte aber vom Alkohol loskommen. Als er sich weigerte, an Feiern mit Alkoholgenuss teilzunehmen, wurde er 1882 nach Königsberg strafversetzt. Rückfällig geworden wird er 1887 vorzeitig pensioniert und zugleich zum Oberstleutnant befördert. Die Curt-von-Knobelsdorff-Klinik in Radevormwald erinnert an ihn.

9. *Anstoß:* Das Ende der Welt

> „O Nacht, liebenswerter als das Morgengrauen!
> O Nacht, die zusammenführtest
> Geliebten mit Geliebter,
> Gcliebte in Gelicbten überformtest!"
> *Johannes vom Kreuz.* Die dunkle Nacht

„Wie lange soll das denn noch gehen?"

Gesund an Geist und Körper erreichte meine Oma Selma das 105. Lebensjahr und erlebte somit drei Jahrhunderte und zwei Jahrtausende. Ich weiß, das hört sich etwas reißerisch an. Doch scheint mir dieser überdehnte Horizont angemessen, um mir ihr Leben im Kaiserreich, im Ersten Weltkrieg, in der Weimarer Republik, der Hitler-Zeit, ihr Leben auf der Flucht, die nie wirklich vollzogene Einwurzelung im Westen und den erschwerten Zugang zu den Verwandten im Osten auch nur annäherungsweise vorstellen zu können.

Als Oma Selma die Hundert überschritt, wurde sie von den Vertretern der Stadt Münster gefragt, ob sie Tipps für ein Älterwerden bei vollem Erhalt der Gesundheit geben könne. Natürlich konnte Oma Selma eine lebenspraktische Auskunft geben: Aok Mandel-Kleie zum Waschen des Gesichts und Nivea-Creme für die Haut! Aber, so erklärte sie der Bürgermeisterin, es müsse die Mandel-Kleie mit Seesand sein.

Ich glaube, Oma Selma besaß noch ein weiteres Geheim-Rezept, das sie der Bürgermeisterin nicht verriet. Es war eine Redewendung, die sie gerne gebrauchte, wenn sie jemand in die Pflicht nehmen wollte. Sie sagte dann: „Man muss auch das Alter berücksichtigen!" Diese Abwehrformel verwendete sie konsequent seit ihrem 60. Geburtstag. Sie bedeutete: „Lasst mich in Ruhe. Ich habe genug erlebt!" Abgrenzung nennt man das heute. Es ist das Zauberwort der Psychologen und zugleich das Unwort in allen Debatten der Integration und Inklusion. Ein Kreuz eben.

Oma Selma besaß einen seltsamen Humor. Zu den Ritualen meines Besuches der Hundertjährigen gehörte die immer wieder gestellte Frage: „Sag' mal, Uwe, wie lange soll das denn noch gehen?" Gemeint war ihre Lebenszeit. Meine Antwort war immer die gleiche: „Oma, das weiß nur der liebe Gott!" Dann lachte die Katholikin fröhlich und antwortete: „Da sagst du 'was Richtiges!"

Oma Selma war 26 Jahre jung, als die norwegische Nobelpreisträgerin Sigrid Undset den ersten Band ihres Romans „Kristin Lavranstochter" (1925) veröffentlichte. Kristin Lavranstochter ist eine der großen Frauengestalten der Weltliteratur. Das letzte Kapitel („Das Kreuz") in dem bewegten Leben und Sterben der Kristin Lavranstochter eröffnet die Autorin mit dem ganz unsentimentalen Satz: „Alle Feuer brennen nach und nach aus."

Nicht jedem Menschen ist es gegeben, mit dieser Gelassenheit die letzten Dinge zu erwarten und das Ende anzunehmen. Ich bin noch nicht so weit. Mein Leben wurde durchkreuzt. Aber das Ende war der Anfang. Das hatte ich nicht erwartet. Ein Feuer wurde in mir entfacht. Vielleicht stimmt der Satz der norwegischen Nobelpreisträgerin nicht. Vielleicht gibt es ein Feuer, das nie mehr erlischt?

Fridays for future

Undine, Tobit und ich wohnen in dem kleinen Kurort Bad Salzdetfurth. Hier gibt es ein Sole-Thermalbad und ein altes Gradierwerk. Über Weißdornzweige tröpfelt salzhaltiges Wasser und verbreitet einen Hauch von Nordseeluft. Sie wird nicht nur von Allergikern und Asthmatikern geschätzt. Salz wurde in dem kleinen Kurort an der Lamme über viele Jahrhunderte abgebaut. Es stammte von 250 Millionen Jahre alten Ablagerungen aus dem Meerwasser. Die Fördertürme sind stillgelegt und die Feuer unter den Siedepfannen ausgebrannt. Alles hat seine Zeit.

Bad Salzdetfurth ist überschaubar, besonders wenn der Besucher auf einem Aussichtsturm steht. Ich kenne den Blick über Hügel und Täler seit zwanzig Jahren. Damals kaufte ich Haus Sonnenschein für die Familie. Ein Ort zum Bleiben sollte es sein, ein Stück Heimat für drei erwachsen werdende Kinder. Ein Haus der Harmonie. Alle Pläne wurden durchkreuzt und führten doch zum Ziel. Das Labyrinth des Lebens ist wunderbar und voller Geheimnisse.

Oben auf dem Stoffregen-Turm befindet sich eine Mobilfunk-Antenne. Der örtliche Kultur-und-Verschönerungsverein freut sich über die Mieteinnahmen von Telecom und Huawei. Mitglieder der Bewegung „Fridays for future" nutzen hier die Möglichkeit, an sichtbarer Stelle ein Zeichen des Durchblicks zu platzieren: Auf dem Sendemast entdeckt Undine einen Sticker mit dem Aufdruck „Wir streiken, bis ihr handelt!" Ich denke, die SchülerInnen könnten auch handeln, indem sie Verantwortung für ihre Ausbildung übernehmen. Ganz gegen meine Art halte ich den Mund. Ist das Resignation oder ein erstes Zeichen von Altersweisheit? Im Hintergrund des Aufklebers ist der Erdball abgebildet. Auf ihm fehlt die halbe Welt – von Russland, China, Indien, Ozeanien bis nach Australien. Ist das Zufall, Absicht oder Ausdruck der Unwissenheit?

Jede Zeit hat ihre Aussichtstürme und Propheten. Networker und Influenzer aller Richtungen rufen unüberhörbar: Die fetten Jahre sind vorbei. Über Jahrzehnte galten steigendes

Wirtschaftswachstum und Wohlstand als selbstverständlich. Nun scheinen die Ressourcen – wie die Salzvorräte in den alten Stollen unter Haus Sonnenschein – begrenzt oder aufgebraucht: Die Selbstheilungskräfte an Leib und Seele, die Fähigkeit der Natur zur Regeneration, das soziale Netz, die Kraft der Inklusion in den Schulen und der Integration von Flüchtlingen aus Afrika und Arabien.

An manchen Freitagen schwänzen Jugendliche die Schule, um auf die bevorstehende Klimakatastrophe hinzuweisen. Droht die Schöpfung zu kollabieren? „I want you to panic!", lautet der Ruf zur Umkehr. Panik gilt als ein schlechter Ratgeber, um über das Ende des Lebens und der Welt zu sprechen. Aber vielleicht erzeugt sie einen heilsamen Schrecken.

Auf einem apokalyptischen Klimagipfel am Ufer des Jordan nahm Johannes der Täufer kein Blatt vor den Mund. Er beschimpfte und bedrohte seine Zuhörer, nannte sie Otterngezücht und Schlangenbrut (Lukas 3,7–8,17) und forderte die radikale Wende. Die Axt sei schon an die Wurzel der Bäume gelegt, fuhr er fort und malte ein Schreckensszenario: Ein Mann werde kommen. Er halte eine Worfschaufel in der Hand. Mit ihr werde er die Tenne fegen und die Spreu vom Weizen trennen. Die Spreu aber werde er anschließend mit unauslöschlichem Feuer verbrennen.

Das klingt filmreif nach der Hölle auf Erden. „Apokalypse now" oder „Armageddon" sind jedoch nicht nur Filmtitel. Sie entstammen einer sehr alten Rede vom Ende der Welt mit dem Jüngsten Gericht und der Wiederkehr Christi. Johnny Cash beschwört sie in einem seiner letzten Lieder („The man comes around"):

„Till armageddon no shalam, no shalom
Then the father hen will call his chickens home

The wise man will bow down before the throne
And at his feet they'll cast their golden crowns
When the man comes around."

Am Anfang stand das Paradies mit seiner nachhaltigen Lebensweise und ohne nennenswerte ökologische Fußabdrücke. Die Nachhaltigkeit wurde durch zwei Gesetze zu Ackerbau und Ernährung gesichert. Das erste Gebot war der Auftrag: Bebaue die Erde und bewahre sie! (Genesis 2,15). Das zweite Gebot lautete: Ernähre dich vegan von den Früchten der Bäume im Garten! (Genesis 2,16). Das galt auch für die Tiere. Es gibt Menschen, die ernähren ihren Hund vegan. Gelegentlich koche ich Reis und Kartoffeln für Tobit. Doch können sich Löwen von Stroh ernähren? Ja, das ging einst im Paradies und wird eines Tages wieder möglich sein. Alles ist möglich, wenn Visionen wahr werden, meinte ein alter Prophet (Jesaja 56,25): „Wolf und Schaf sollen beieinander weiden; der Löwe wird Stroh fressen wie das Rind." Das ist Zukunftsmusik. Mit dem Sündenfall begann die gegenwärtige Ernährungs- und Lebensweise. Essen bedeutete fortan Vernichtung von Leben. Ein verhängnisvoller Zusammenhang.

Das Leben jenseits von Eden entfaltete sich. Es gab Phasen des Zweifels, der Enttäuschung, der Wut und der Ohnmacht – auch auf Seiten des Schöpfers. Er schickte große Klimakatastrophen und setzte die Erde unter Wasser. Nur Noah und die Seinen wurden gerettet. Ist es ein Zufall, dass „Noah" zu den beliebten männlichen Vornamen dieser apokalyptischen Zeit gehört?

Die Erde wird trotz aller Klimagipfel nicht ewig bestehen, und die Sonne wird nicht in alle Ewigkeit scheinen. Alles Geschaffene vergeht. So lautet das Gesetz der Entropie. Dieses Schicksal teilt der Mensch mit Raum und Zeit, mit Tieren und

Pflanzen, mit Sternen und Nebelmeeren. Die Rede vom Ende der Welt gehörte einst zu den Kernkompetenzen von Judentum und Christentum. Wer die Augen vor den Zeichen der Zeit verschließt, für den kommt das Ende überraschend. Dem wachen Geist aber bleiben sie nicht verborgen. Dem Ende der Welt gehen Boten voraus: der Messias (Judentum) oder – in griechischer Übersetzung – der Christus (Christentum).

„Gegen Israel, den ewig Gottgeliebten, ewig Treuen, ewig Vollendeten, steht der ewig Kommende und ewig Wartende, ewig Wandernde, ewig Wachsende, steht Messias." So schreibt Franz Rosenzweig in „Der Stern der Erlösung" (1921). „Gegen den Menschen des Anfangs, Adam des Menschen Sohn, steht der Mensch des Endes, der Sohn Davids des Königs, gegen den aus dem Stoff der Erde und dem Hauch des göttlichen Mundes Geschaffenen das Reis aus dem gesalbten Königsstamm, gegen den Erzvater der späteste Spross, gegen den Ersten, der sich einhüllt in den Mantel der göttlichen Liebe, der Letzte, von dem das Heil geht zu den Enden der Erde, gegen die ersten Wunder die letzten, davon es heißt, sie würden größer sein als jene."

Dass der Gekreuzigte eines Tages kommen werde, zu richten die Lebenden und die Toten, wird in den Kirchen mit dem Mund gebetet, aber nicht mehr mit dem Herzen geglaubt. Der kommende Gott wird den Zeugen Jehovas oder den Freikirchen überlassen. Ein Priester oder eine Pastorin, die vom Weltgericht, von Himmel, Hölle und Fegefeuer predige und dabei der Gemeinde zuriefe „I want you to panic!", geriete in arge Bedrängnis und bekäme vielleicht ein Disziplinarverfahren. Mit dem Verzicht der Predigt von den letzten Dingen („Eschatologie") ist ein Substanzverlust einhergegangen. Jeder Erneuerungsprozess in der Kirche muss mit der Wiedergewinnung einer Sensibiliät für die Endzeit einhergehen.

Denn der Blick auf das Kreuz überschreitet die Grenzen der Erde.

Von möglichen letzten Worten Jesu war schon die Rede. Letzte Worte beschließen auch die Bibel. Wer kennt sie noch? Wer glaubt an ihre Wahrheit? In der Verbannung auf der griechischen Insel Patmos hatte Johannes eine Vision. Er hörte die Stimme Jesu: „Ja, ich komme bald" (Apokalypse 22.20).

„Ich komme bald" – ist eine sehr vage Zeitangabe. Das Umstandswort „bald" bedeutet nicht „gleich". Für einen Menschen sind siebzig oder achtzig Jahre Lebenszeit viel. Mit neunzig Jahren noch fit zu sein, gilt manchen als erstrebenswert.

Der Mensch lebt in der Zeit, Gott in der Ewigkeit. Eintausend Jahre sind für ihn wie der gestrige Tag. Vielleicht bedeutet das Adverb „bald" so viel wie „übermorgen", also zweitausend Jahre. Dann würden die jetzt Lebenden den Anfang des Endes erleben. Gedankenspiele wie dieses führen vor Augen, was mit „bald" gemeint war: Gott wird kommen. Diese Zusage steht. Auf den Zeitpunkt lässt er sich nicht festlegen. Über die Gründe wiederum ließe sich spekulieren. In Zeiten, als sich die Theologie noch nicht als Magd des Zeitgeistes anbiederte, als sie noch ihr eigenes Profil hatte, lautete eine der klassischen Antworten auf die Frage, warum Gott der Welt noch kein Ende bereitet habe: Gott ist langmütig. Gott hat Geduld. Der Mensch sollte sich auch in Geduld üben und weiter Bäume pflanzen.

Apokalypse des Johannes

Um das Jahr 92 n. Chr. schrieb Johannes auf Patmos ein Buch des Trostes für verfolgte Christinnen und Christen. Er hatte dabei sieben kleine Gemeinden auf dem Gebiet der heutigen Türkei vor Augen. Doch seine Visionen vom Untergang der alten Welt ließen bald auch andere Menschen aufhorchen.

„Apokalypse" bedeutet „Enthüllung". Ein Vorhang wird zur Seite gezogen und das wahre Bild erscheint. Die Apokalypse führt in eine letzte Haltung vor dem Unabwendbaren. Jetzt geht es nicht mehr um das Bebauen und Bewahren der Erde, nicht mehr um richtiges oder falsches Verhalten. Die Zeit der Entscheidungen ist vorbei. Jetzt befindet sich das Leben am äußersten Grenzposten. Apokalypsen werden als letzte Lektüren für die Palliativstation geschrieben. Hier zeigt sich, ob sie Substanz haben.

Johannes' Zuhörer und Zuhörerinnen waren Jesus gefolgt, der ihnen versprochen hatte, den Anfang einer neuen Zeit zu bringen. Er nannte sie das Reich Gottes. Sie hatten an diesen Jesus geglaubt. Doch alles kam anders. Kein neuer Himmel und keine neue Erde waren in Sicht. Im Gegenteil! Die Zeiten wurden immer schlimmer! Sie wurden wegen ihres Glaubens verfolgt und ermordet. Zuerst unter Kaiser Nero, dann unter Domitian. In den römischen Arenen wurden sie in Tierfelle eingenäht und von Molossern zerfleischt, ans Kreuz geschlagen, mit Pech bestrichen und verbrannt. Wie überlebt man die Tage ohne Durchblick, die Nächte der Verzweiflung, die Monate der Ohnmacht und die Jahre voller Angst? Johannes versuchte eine Antwort auf diese Fragen zu geben. Zuerst einmal rang er selbst um einen Durchblick. Die Gegenwart war fürchterlich.

Was werde die Zukunft bringen?, fragte er sich. Er fand eine Antwort. Sie lautete: Hinter jeder Krise steht ein höherer Sinn! Was du jetzt erlebst, das erleben andere auch, ja, deine persönliche Krise ist Teil eines kosmischen Ringens zwischen den guten und den bösen Mächten, zwischen dem Erzengel Michael und dem Satan. Habe nur Geduld! Schon bald wird der Teufel keine Macht mehr haben. Sein Ende ist nahe, seine Tage sind gezählt. Johannes schreibt (Apokalypse 12,12):

„Denn der Teufel kommt zu euch hinab
und hat einen großen Zorn und weiß,
dass er wenig Zeit hat."

Während einer Friedenszeit von eintausend Jahren wird der Satan in der Unterwelt angekettet. Anschließend wird er ein letztes Mal losgelassen. Zusammen mit anderen teuflischen Mächten, Gog und Magog, dem Antichristen und dem großen Tier werden sie für alle Zeit „geworfen in den Pfuhl von Feuer und Schwefel", wo sie „gequält werden Tag und Nacht, von Ewigkeit zu Ewigkeit." (Apokalypse 20,10) Dann wird es keine Verfolgung mehr geben, weder Leid, Schmerz noch Tod, denn mit dem neuen Himmel und der neuen Erde ist der ewige Friede angebrochen, und die Erwählten werden Gott von Angesicht zu Angesicht schauen, alle Tränen werden abgewischt sein und weder Leid noch Tod wird es mehr geben.

Es gibt ein großes Aufbäumen der Mächte und Gewalten gegen ihre Geborgenheit im Kreuz. Unserer Zeit ist die Ausgrenzung der gegengöttlichen Kräfte fremd geworden. Die Bilder der Apokalypse sprechen von Strafe und Unversöhnlichkeit. Sie widersprechen den Dogmen der unkritischen Integration und Inklusion. Die Apokalypse sagt: Ihr habt euch die Welt schön geredet. Jetzt seid ihr an eure Grenzen gestoßen. Es gibt Mächte und Gestalten, die sich nicht in Familie, Schule und Gesellschaft integrieren lassen.

Der Weltuntergang kam nicht. Hatte sich Johannes geirrt? Gab er nur vor, einen Durchblick auf das Ende der Zeit gehabt zu haben? Die Bilder, die ihm der Engel mitgeteilt hatte, waren zu groß, zu gewaltig, als dass Johannes sie hätte abschließend deuten können. Erst recht konnte er ihre Wirkung auf seine Leser und Leserinnen nicht abschätzen. Der Engel hatte ihm spirituelles Dynamit in die Seele gelegt. Johannes hatte es weitergegeben. Seitdem brennt die Lunte.

Die große Konversion: Ein Jude wird Moslem

In Adam, so lehrt die Kabbala, waren einst alle Seelen versammelt. Adam war nicht der erste Mann, sondern der mystische Urmensch. Daher war auch die gesamte Menschheit von seinem Sündenfall betroffen und wartet nun auf die Erlösung.

Die Lehre von der Erlösung der verstreuten göttlichen Lichtfunken wurde im frühen 17. Jahrhundert zum Auslöser einer spirituellen Massenbewegung, die das Judentum in den Grundfesten erschütterte. Gershom Scholem (1897–1982) hat ihre Geschichte erzählt: Wieder einmal glaubte man, das Ende der Zeiten sei gekommen und der Erlöser erschienen. Er hieß Sabbatai Zwi (1626–1676) und wurde am 9. Ab 5386 jüdischer Zeitrechnung als türkischer Jude in Smyrna geboren. Es war ein Sabbat und zugleich der Gedenktag der Zerstörung des zweiten Tempels von Jerusalem. An so einem Gedenktag erwartete man seit altersher den Messias.

Sabbatai Zwi war finanziell unabhängig und fand daher ausreichend Zeit, sich dem Studium des Sohar zu widmen und magische Techniken einzuüben. Denn der wahre Kabbalist galt zugleich als Magier. Als im Jahre 1648 der Dreißigjährige Krieg im alten Europa mit dem Friedensschluss zu Münster und Osnabrück sein Ende fand, erhielt im fernen Aleppo Sabbatai Zwi die Berufung zum Messias. Sein Charakter wird als ambivalent beschrieben. Zwei Mal war er verheiratet, ohne jedoch die Ehe zu vollziehen. Warum noch Kinder zeugen, wenn das Ende der Welt da ist?, sagten die einen. Andere hielten den Erlöser der gefallenen Seelen für krank. Ja, er muss sogar krank sein! So lautete die Botschaft von Nathan Aschkenasi, der sich als Prophet dem Erlöser zur Seite stellte: Der Messias kämpfe in der Tiefe seiner Seele gegen die dunklen Mächte, die sich der Erlösung widersetzten. Wie Jesus Christus leide er stellvertretend für sein Volk und befreie es dadurch von seinen Sünden.

Schnell wuchs um Sabbatai Zwi ein Kreis von Anhängern. Von ihnen forderte er Buße, Glauben und Umkehr. Allein der Glaube, nicht mehr die Einhaltung des jüdischen Gesetzes führe zur Erlösung, sagte er. In Gaza berief er einen Zwölferkreis von Jüngern und zog im Mai 1665, gekleidet mit einem grünen Mantel, der die Farbe des Paradieses symbolisierte, in Jerusalem ein. Die jüdischen Gesetzeslehrer konnten diesen Frevel nicht ohne Widerspruch hinnehmen und belegten den Messias mit einem Bann.

Zu spät. Denn die Nachricht von der Ankunft des Messias, der nichts als Buße und Glauben verlangte, setzte die Juden vom Jemen bis nach Amsterdam in spirituelle Bewegung. Gerade hatten sie in Spanien und Polen eine Zeit erneuter Verfolgung erlebt. Nun erschien diese Gewalt in einem anderen Licht. War sie nicht ein Zeichen, dass das Ende naht und der Tag der Erlösung unmittelbar bevorstand? Das Leiden bekam plötzlich einen religiösen Sinn. In zahlreichen jüdischen Büchern aus dem Jahre 1666 ist diese Begeisterung durch einen Beisatz zum Erscheinungsdatum festgehalten:

„1666
Das Jahr, da der Messias,
der Sohn Davids, gekommen ist."

Eine bisher nie dagewesene Aufbruchstimmung ergriff die Juden Europas: Junge Männer liefen nachts durch die jüdischen Ghettos und bliesen das Widderhorn, das nach altem Glauben die Ankunft des Messias zu verkündigen hatte. Seit Jahrhunderten wurden die Juden Europas unterdrückt. Nun kamen Rachegedanken auf. Arme Juden hofften auf einen sozialen Ausgleich. Einfache Juden in Russland und Griechenland packten ihre Koffer, weil sie glaubten, bald auf Wolken in das Heilige Land getragen zu werden. Die reichen und weltmännischen Amsterdamer Juden stifteten Sabbatai Zwi ein Millionenvermögen und organisierten Schiffe für die Überfahrt nach Palästina. Überall in Europa traf man Vorbereitungen für die Exhumierung der Toten, damit ihre Gebeine in Israel sein würden, wenn die endgültige Erlösung käme.

In diesen Ozean von messianischem Wahnsinn brach die Nachricht von Sabbatai Zwis Abkehr vom jüdischen Glauben wie ein Taifun ein. Ein abtrünniger Messias! Wer konnte das verstehen? Sabbatai Zwi war auf dem Höhepunkt der messianischen Begeisterung zum Islam übergetreten. Seine Anhänger waren ratlos. Sie rätselten: War alles Lüge gewesen? War ihr eigener Glaube an die Erlösung nur eine Einbildung?

Der Traum von der Rückkehr ins Heilige Land war wie eine Seifenblase zerplatzt. Das Leben im Exil würde noch weiter gehen. Und die Erlösung? Wann würde sie endlich kommen? Der Prophet Nathan gab auf diese Fragen eine verblüffende Antwort: Die Erlösung sei bereits mit Sabbatai Zwi gekommen. Wer an den Messias glaube, der sei erlöst. Erlösung sei ein innerer Zustand, eine innere Erfahrung und innere Freiheit, die völlig unabhängig von jeder äußeren Freiheit sei.

Doch warum beging der Erlöser einen Verrat an seiner Sendung? Auch auf diese Frage der Anhänger des Messias' hatte der Prophet Nathan eine Antwort: Der Abfall vom Glauben („Apostasie") sei notwendig gewesen, damit der Messias in das Reich des Bösen („Kelipa") eingehe, um auch hier zu retten und zu richten. Nathan Aschkenasi ging noch weiter: Nicht nur der

Messias, sondern das ganze Volk Israel spiegle ein Geheimnis Gottes wider. Die Einheit Gottes war zerbrochen und befand sich nun in einem schmerzhaften Prozess der Wiederherstellung („Tikkum"). Das sei der Sinn der Geschichte Israels. Sie verlegt das Kreuz und den Schmerz in das Wesen Gottes.

Das Kreuz mit der Kirche

Die Kirchen sind geostet, also mit Kreuz und Altar nach Osten ausgerichtet. Das Eingangsportal liegt folglich im Westen. Oberhalb der Pforten einiger Kathedralen erscheint der wiederkehrende Christus in der Gestalt des Weltenrichters. Neben den Türen finden sich gelegentlich zwei weibliche Skulpturen. So an den Kathedralen Notre-Dame von Straßburg und Paris oder dem Bamberger und Freiburger Dom.

Eine Frau hat die Augen verbunden. Ihr Wanderstab ist zerbrochen. Die Gesetzestafel des Moses entgleitet ihrer rechten Hand. Die andere Frau trägt mit offenem Blick einen Kreuzstab in der Rechten und hält den Abendmahlskelch in der Linken. Judentum und Christentum, Synagoge und Kirche, sind in diesen Skulpturen gegenübergestellt. Die Synagoge schaut nach innen in die mystische Gegenwart Gottes. Sie braucht keine Predigt vom Kreuz und keine Bekehrung, denn sie ist bereits beim Vater. Die Kirche aber blickt in die Welt. Sie muss das Kreuz in die Welt tragen. In dieser Hinwendung zur Welt, schreibt Franz Rosenzweig in einem Brief (31. Oktober 1913) an Rudolf Ehrenberg, liege die Gefahr der Anpassung an den jeweiligen Zeitgeist. Das Wort vom Kreuz aber solle nicht verleugnet werden, sondern Anstöße geben:

„Darum findet die Kirche allezeit, wenn sie vergisst, dass sie ein Ärgernis ist und sich mit dem ‚Allgemeinmenschlichen' ausgleichen möchte, dann findet die Kirche in der Synagoge

die stumme Mahnerin, die, vom Allgemeinmenschlichen un-
verlockt, nur vom Ärgernis weiß; und da fühlt sie sich wieder
positiv und sagt wieder das Wort vom Kreuz."

Über die Kirche der Gegenwart ist alles gesagt worden, nur
nicht das Wesentliche. Wie das Kreuz auf den Altären ist sie
nicht nur von dieser Welt. Die Kirche ist der gekreuzigte Leib
ihres Herrn. Das klingt mystisch und ist es auch. Viele Kathedralen der Gotik bilden diesen Leib im Symbol von Langhaus
und Querhaus nach. Durch das Programm der Bilder und
Skulpturen erscheint in dem Mikrokosmos des Bauwerks der
universale Kosmos der Zeit, des Raumes und der Werte.

Der Kreuz-Grundriss erinnert nicht zufällig an die Gestalt
eines Menschen mit ausgestreckten Armen. In manchen Kirchen haben die Baumeister sogar dem Chor im Osten eine
leichte Neigung gegeben, damit er an das geneigte Haupt
Christi am Kreuz erinnert. Wenn der Priester während der
Weihe mit ausgestreckten Armen im Altarraum liegt, taucht er
in dieses Mysterium ein.

Das Kreuz begleitet den Ablauf des Gottesdienstes und der
Messe. Es gliedert den Rhythmus einer heiligen Handlung und
gibt ihr eine räumliche Ausrichtung. Deshalb steht das Kreuz
gut sichtbar im Altarraum. Dort, wo das Kreuz in der Kirche errichtet worden ist, wiederholt sich das Mysterium der
Wandlung.

Das Kreuz findet sich an vielen Stellen in der Architektur
der Kirchen wieder. Säulen stützen die Decke und bilden mit
ihr die Form des Buchstabens T („Tau"). In der Gotik entstehen hohe, vom Licht durchflutete Kirchenräume. Die ge-
krümmten massiven Raumüberdeckungen werden Kreuzgewölbe genannt. In ihnen durchkreuzen sich zwei rechtwinklige
Tonnengewölbe zu besonderer Festigkeit. Das Kreuzgewölbe
hat die Form des Buchstabens X („Chi").

An die Längsseite vieler Kloster- oder Domkirchen lehnt sich ein rechteckiger oder quadratischer Innenhof an. Er ist von gewölbten Bogengängen umgeben. Der Name Kreuzgang stammt von den feierlichen Kreuzprozessionen, die auf diesen Gängen stattfanden. Kreuzblumen – so werden die knaufartigen, aus kreuzförmig angeordneten Knospen oder Blättern bestehenden Bekrönungen an der Spitze der gotischen Kirchentürme genannt. In der modernen Baukunst verleiht der an das Andreaskreuz erinnernde X-förmige Profilstahl den Bauwerken Stabilität. Er wird Kreuzeisen genannt und findet besonders bei der Errichtung von Hochhäusern Verwendung.

Vom Schmerz Gottes

Vollendung ist ein Prozess. Wir sind auf dem Weg. Wir wachsen und reifen und dringen tiefer ein in das Geheimnis unseres Lebens. Doch nicht alles entfaltet sich. Wir bedürfen der Ergänzung. Denn wir leben nicht allein aus eigener Kraft. Vollendung ist ein Geschenk.

Zwischen Karfreitag und Ostersonntag, zwischen Tod und Auferstehung, liegt der Karsamstag. Alles Nachdenken über das Kreuz führt in die Stille dieses Tages. Am Freitag der Tod, am Sonntag die Auferstehung – das geht zu schnell über das wahre Leben im schmerzhaften Prozess der Wandlung hinweg. Der Schmerz will ausgehalten werden – von den Menschen, den Tieren, den Engeln, von Gott selbst.

Wann sich das Leben vollenden wird, weiß niemand. Der Blick hinter den Schleier von Raum und Zeit ist uns verwehrt. Doch unter dem Zeichen des Menschensohnes wird das Licht der Wahrheit aus der Mitte des Kreuzes hell aufleuchten und alle Schatten vertreiben. Gerechtigkeit wird geübt bis an die vier Enden der Erde. Die Vision des Evangelisten Matthäus gehörte im Mittelalter zu dem Figurenprogramm über dem Westportal der Kathedralen. Sie zeigt Christus als Weltenrichter. Er richtet den Menschen auf und vollendet, was der Ergänzung bedarf.

Das Zeichen des Menschensohnes ist nicht das Tau, sondern das Kreuz mit vier Enden. Es ist das Zeichen des Kosmos mit seinen vier Himmelsrichtungen, das nun in die Ewigkeit gehoben wird, wo es keinen Raum und keine Zeit mehr gibt. Neben dem Kreuz erscheinen Engel. Diese Engel werden die „Auserwählten sammeln von den vier Winden, von einem Ende des Himmels bis zum anderen." (Matthäus 24.31)

Aus dem Kreuz tritt die Gestalt eines Menschen mit weit ausgebreiteten Armen hervor. Er ist Mensch und Gott zugleich. So ist sein Zeichen zugleich das Zeichen Gottes, der jetzt wie ein Vater seine Arme ausbreitet, um die Welt zu umarmen und emporzuheben.

Das Kreuz gehört allen Menschen, nicht nur den Christen, sondern auch Juden und Muslimen – ob sie es wissen oder nicht. Die Passion des Gottessohnes kann auch denjenigen bewegen, der sich keinem Glauben verpflichtet weiß und sich nicht als der Erlösung bedürftigen Sünder versteht.

„Es gibt sie, die mühselig und beladen sind, und es ist eine erhabene Geschichte, diese von dem, der für jene leidet und stirbt", schreibt Hans Blumenberg in seiner Meditation über die „Matthäuspassion" (1988): „Man muss es nicht sein, für den gelitten und gestorben wird, um von der Gewalt dieses Leidens und Sterbens erschüttert zu werden."

Das Kreuz war dem Priesteramtskandidaten Blumenberg auch Symbol seiner eigenen Passion und der Erfahrung der Stigmatisierung als „Halbjude". Vielleicht war es kein Zufall, dass der Student der Theologie im Priesterseminar der Jesuiten von St. Georgen innerhalb einer Probepredigt die Aufgabe erhielt, über das Thema „Trag gern dein Kreuz" zu predigen. So berichtet der Freund und Priester Walter Kropp.

Es gibt kein Leben ohne die Erfahrung des Schmerzes. Schmerzen sind warnende Signale von Seele und Körper. Eine Beziehungskrise, eine Grenzerfahrung, eine Trennung, ein Verlust bergen die Chance zu wachsen und im Menschlichen zu reifen. Das Leiden kann das Wesen läutern. Wo Hochmut war, kann Demut werden. Doch darum allein geht es nicht beim Blick auf das Kreuz. Was hier geschieht, übersteigt alle Moral. Das Kreuz ist jenseits von Gut und Böse errichtet worden. Es gehört zum Bauplan der Schöpfung. Deshalb kann ihm kein Mensch entgehen. Das Kreuz gehört aber auch in das unergründliche Geheimnis Gottes. Ganze Bibliotheken sind über die Frage, warum Gott das Leiden zulässt, geschrieben worden. Die Betrachtung des Kreuzes führt über diese Fragen der Moral und der Logik hinaus in den Schmerz Gottes. Gott kennt den Schmerz am Kreuz, den Schmerz über die gefallenen Engel, den Schmerz über die leidende Schöpfung. Vor allen Dingen kennt Gott den Schmerz über die verlorenen Söhne und Töchter.

Quellenverzeichnis

S. 53   aus: Ernst Jünger, Sämtliche Werke. Band 2. Strahlungen I. Klett Cotta, Stuttgart 2015

S. 85   aus: Edzard Schaper, Hinter den Linien. Verlag Jakob Hegner, Köln und Olten, 1952

S. 99   aus: Warlam Schalamow. Werkausgabe. Herausgegeben von Franziska Thun-Hohenstein. Aus dem Russischen von Gabriele Leupold. © MSB Matthes & Seitz Berlin Verlagsgesellschaft mbH

S. 133 aus: Frieidrich Ohly, Glück eines Gefangenen mit Puschkin und mit Steinen. Zeitschrift „Kulturaustausch", 1987. Institut für Auslandsbeziehungen, Stuttgart

Copyright © Claudius Verlag, München 2019
www.claudius.de

Alle Rechte vorbehalten. Das Werk darf – auch teilweise –
nur mit Genehmigung des Verlages wiedergegeben werden.
Umschlaggestaltung: Weiss Werkstatt, München
Layout: Mario Moths, Marl
Gesetzt aus der Minion Pro
Druck: GGP Media GmbH, Pößneck

ISBN 978-3-532-62846-1